平凡社新書
829

企業家精神とは何か

シュンペーターを超えて

根井雅弘
NEI MASAHIRO

HEIBONSHA

企業家精神とは何か●目次

プロローグ

「企業家」「企業者」「起業家」という言葉はよく使われているが、それが具体的に何を意味しているのかは論者によって異なる。私の専門は現代経済思想史だが、経済学の歴史に名を刻んでいる偉大な経済学者たちの企業家像も多様である。

もっとも、経済学を学んだことがある読者なら、二十世紀経済学の天才シュンペーターが企業家によるイノベーションの遂行を核にした経済発展の理論を展開したことを知っているかもしれない。

私自身も、研究者の卵であった頃からシュンペーターのファンだったのでよくわかるが、彼が描いた英雄的な企業家像は、経済学の素養のない人たちにも強く訴えかける魅力がある。体系に何も変化がなければ循環の軌道を歩むに過ぎない静態の世界に、彗星のごとく企業家が現われ、銀行家による信用創造の助力を得てイノベーションを遂行する。動態が始動し、「企業家利潤」「利子」「景気循環」などが次々に登場する。「好況」はイノベーションの群生によって生まれるが、やがてイノベーションがもたらした新事態への適応が始まり、「不況」へと突入する。そのような適応過程は、発展の成果を体現した新たな静態の世界に戻るまで続く。そして、静態の世界では、いつの間にか、企業家はどこかに消えている。このようなストーリーに関心のある読者は、まず、本書の第二章を先に読んでもらってもかまわない。

シュンペーターの貢献は、まことに偉大であった。ボン大学教授時代のシュンペーターに学んだわが国の二人の学者、中山伊知郎《いちろう》と東畑《とうばた》精一は恩師の主要著作を次々に邦訳したが、中山も東畑も学界や論壇に大きな影響力をもっていたので、シュンペーターの名前は戦前からよく知られていた。のちには、ハーヴァード大学教授時代のシュンペーターに学んだ都留重人《つるしげと》も加わり、度々彼に言及したので、シュンペーター経済学は日本の土壌に深く根を下ろしたと言ってもよいだろう。

だが、シュンペーターがあまりにも魅力的な企業家像を描いたために、企業家精神と聞くとシュンペーターの名前が思い浮かぶほど、両者は混然一体のものとして普及してしまった嫌いがある。実は、シュンペーター以外にも、企業家論の展開に重要な役割を演じた人たちはいたのだが、彼らの貢献がすっかり忘れられてしまった。そのような期間が長く続いて今日に至っている。

もともと「企業家」はフランス語のentrepreneurの訳語だが（シュンペーターの主要著作の日本語版では「企業者」と訳されることが多いが、私はできる限り「企業家」で統一したい）、その事実にも暗示されているように、初期の企業家論にはフランス人の貢献が目立っている。そこで、本書は第一章においてカンティヨンとセイという二人の企業家論を中心に置き、その周辺の事情を解説することにした。カンティヨンは厳密にはアイルランド人だが、おもな活躍の場がフランスであり、『商業試論』もフランス語で最初書かれているので、セイと一緒にフランスの貢献の中に入れることにしたい。

『商業試論』は、企業家を軸にした市場システム論として読むことが可能だが、私たちの関心では、彼が企業家を不確実性の下で意思決定をおこなう危険負担者として描いたことが重要である。このような視点は、第四章で取り上げるネオ・オーストリアンにも受け継がれていく。

セイは「セイの（販路）法則」（ケインズが「供給はそれ自らの需要を創り出す」という古

典派全体を貫く思考法として徹底的に批判の対象にした）で有名な経済学者だが、ケインズがセイの法則をこき下ろしたせいか、長い間、セイの経済思想全般が過小評価されてきた嫌いがある。

私たちの関心は、もちろん彼の企業家論だが、セイはこの分野において注目すべき貢献を成し遂げている。彼は、シュンペーターのように企業家機能をイノベーションの遂行のみには限定せず、五つのうちの一つに挙げたのみだが、のちにシュンペーターの静態・動態二元論につながるような構想をもっていた。この点だけからみれば、セイよりも後に出てきたワルラスの企業家像は、一般均衡状態において、「利益も得なければ損失も受けない」存在になるという意味で、受動的な性格を帯び、セイよりも後退していると言ってもよいくらいである。

ところで、第二章では、フランスに比べてイギリスの経済学が企業家論において後塵を拝しているのはなぜか、という問題も取り上げた。イギリスはスミスからケインズの時代まで世界の経済学界をリードしてきた実績があるだけに、企業家論の未発達という点はかえって目立つ。フランス語の entrepreneur に相当する言葉もなかった。もちろん、イギリス古典派の時代は、株式会社による資本調達や有限責任制が導入される以前の「個人的な冒険資本家の英雄時代」（W・H・コート）であり、資本家と企業家の区別が明確ではなかったという歴史的背景はある。だが、ある程度、所有と経営の分離の進んだJ・S・ミルの時代にも顕著な貢献はみられなかった。企業家論において今日再評価されるべきはマーシャルだが、彼においてさえ、資本家と企業家は峻別されていない。だが、十九世紀末には事実上みずからの経済思想のほとんどを完成していたマーシャルは、生産要因として「土地」「労働」「資本」に加えて「組織」を挙げ、「組織」の中の企業家という視点を打ち出した初期の経済学者のひとりであった。このような視点は、のちに、青木昌彦の企業理論へとつながっていく。

第三章は、日本ではお馴染のガルブレイスのテクノストラクチュア論を取り上げたが、所有と経営の分離が一段と進み、大企業の実権が単なる経営者ではなく「一群の専門家」に移行したという主張自体はそれほど新奇でもない。

晩年のシュンペーターも、個人としての英雄的な企業家が活躍した「競争的資本主義」の時代が過去のものになり、「トラスト化された資本主義」における専門家集団の台頭によって、企業家機能が無用化されつつあるという危惧を抱いていた。だが、ガルブレイスは、もっと踏み込んで、「企業家的法人企業」が大多数を占めた時代はとうに過ぎ去り、現代の「成熟した法人企業」では「組織」を握った者が「支配力」を得て、「大企業王国」(彼の言葉では、「計画化体制」)の主人公になるという「新しい産業国家」論を展開した。

ガルブレイスの筆は現実を多分にデフォルメした形で表現しているので、テクノストラクチュアが大企業の「絶対君主」のごとき地位に就いたといわんばかりの主張は、多くの批判にさらされた。たしかに、テクノストラクチュアなる集団が大企業の意思決定において何らかの役割を演じていることは認めてもよいが、例えば当時の主流派を代表する経済学者のサムエルソンは、それもせいぜい「立憲君主」としての役割に限定されており、資本家の力は決して侮れないと反論した。

サムエルソンのほうが現実に近い見方かもしれないが、ガルブレイスの狙いは、あえてデフォルメした形で大企業王国を描写し、いまだに完全競争モデルに支配されている学界に反省を迫ることにあったわけだから、その目論見は見事に成功したと言ってよい。その後、論争の「副産物」として、主流派内部でも企業の内部組織の展開や産業組織論の刷新などの新しい動きがあったので、ガルブレイスの『新しい産業国家』は一時代を画する名著になったといっても過言ではない。

だが、最近の伊東光晴氏のガルブレイス論が明らかにしたように、「新しい産業国家」

は、一九八〇年代以降のアメリカの製造業の衰退と「比較優位」のある金融業の台頭を反映して「新しい金融国家」へと道を譲ることになった。そして、ベルリンの壁の崩壊が新自由主義をさらに極端にしたような「市場原理主義」を生み出し、主要な先進国で所得の不平等化が進行し始めた。市場原理主義と手を携えて「会社は株主のもの」というアメリカ流のコーポレート・ガバナンスの影響力がさらに強くなり、ガルブレイスのテクノストラクチュア論は大きな修正を余儀なくされていると言える。

しかし、大企業の「権力」の問題は、晩年の『悪意なき欺瞞』のなかでガルブレイスが強調したように、決して消えたわけではない。彼は、「名ばかりの民間企業」が国防予算の決定にまで影響を与えている現状を暴露したが、それを隠蔽するような権力のあり方までを問題にした経済学者は稀だと思う。

第四章は、オーストリア学派の流れをくみ、ニューヨーク大学で教鞭をとったミーゼスの教え子たちが形成したネオ・オーストリア学派、とくにカーズナーの企業家論に焦点を当てた。

シュンペーターは、企業家によるイノベーションの遂行が静態の世界の均衡を破壊し、動態を始動させると考えたが、これとは対照的に、カーズナーは、市場プロセスでは、以前の「市場の無知」や「誤った意思決定」などによって不均衡が存在しているほうが常態であり、そこに「諸機会に対して機敏である」者としての企業家活動の余地があると考えた。カーズナーの企業家は、市場における不調和を相互に調整し、均衡状態へと向けるような働きをするが、このような「均衡回復者」としての企業家像は、シュンペーターが「均衡破壊者」としての企業家の役割を強調したのとはきわめて対照的である。

カーズナーは、ミーゼスの『ヒューマン・アクション』などの著作に学び、ネオ・オーストリアンとしての企業家像を練り上げたが、ミーゼスは、同じオーストリア学派の流れをくみながらも、ハイエクと比べるとわが国で人気が高いとは言えない。この機会に『ヒューマン・アクション』への関心が高まるのを期待したい。

現在の私は、イノベーションの遂行のように企業家の均衡破壊者としての側面を強調するシュンペーターと、不均衡のなかで「諸機会に対して機敏」に行動し、均衡回復者としての側面を強調するカーズナーの間の橋渡しをする必要を感じている。

企業家にも「創造型」と「受動型」の二類型があり、イノベーションは前者、均衡回復は後者の仕事として捉えれば、橋渡しは不可能ではないと思う。この場合、イノベーションを遂行しない者は企業家とは呼ばないというあまりに純粋化された見方は退けられる。イノベーションでなくとも、価格競争や非価格競争など多様な競争があり、それを担う者もやはり企業家である。現実の経営にも「守り」と「攻め」の両面があるはずだが、これはどちらかが重要というよりも両方なくてはならない。「守り」というから重要ではないのではなく、いつか「攻め」に転じるときの準備作業をしていると考えればよい。

シュンペーターの定義に従うと、「受動型」あるいは「守り」の企業家はあり得ず「単なる業主」となってしまうが、それでは現実の世界にほとんど企業家はいなくなってしまう。それゆえ、私は、企業家にも「受動型」と「創造型」の二類型があることを提案したい。*

* 経済学の邦語文献では、「企業家」「企業者」「起業家」などの言葉が混在しているが、私は原則として「企業家」という言葉を使いたい。ただし、有名な古典の邦訳や他の研究者の論文のなかに例えば「企業者」と出てきたら、それに従うことにする。また、訳書からの引用は、旧かな遣いを現代風に改めるなど、ごく一部の修正を加えてあることをあらかじめおことわりしておきたい。

第一章　企業家はどこへ行った？

企業家の不在

経済学の企業家像について語るときしばしば言及されるのは、半世紀近く前に発表された、ウィリアム・J・ボーモルの論文「経済理論における企業家精神」である（Baumol〔1968〕）。しかし、ボーモルの問題提起に触れる前に、当時の経済学界の状況を簡単に説明しておかなければならない。

一九六〇年代の経済学界では、ポール・A・サムエルソン（1915-2009）の「新古典派総合」が主流を占めていたが、新古典派総合とは、言うまでもなく、マクロはケインズ経済学、ミクロは一般均衡理論を核にした二本立ての経済学だった。経済学に入門しようとする学生の大半は、サムエルソンが執筆した教科書『経済学——入門的分析』をひもといたものだが、そこでは、「企業」は利潤最大化を行動原理にした経済主体として登場するのがふつうだった。

いま、私は「企業家」ではなく「企業」という言葉を使ったが、それはこの場合の経済主体が「人」というよりは、利潤最大化を瞬間的に計算する「機械」のように描かれるからである。実際、総収入と総費用が関数として与えられているような単純なケースでは、利潤は前者から後者を引いたものなので、微分を使えば利潤最大化の条件をすぐに求めることができる（完全競争の場合は価格＝限界費用、不完全競争の場合は限界収入＝限界費用となるが、詳しくはミクロ経済学の教科書を参照してほしい）。経済学の初級者の頃、このような計算問題を解かされた経験をもつ読者もいるだろう。

もちろん、サムエルソンはハーヴァード大学の大学院時代はヨゼフ・アロイス・シュンペーター（1883-1950）、シカゴ大学の学部時代にはフランク・H・ナイト（1885-1972）に学んでいるので、「企業家」の役割について決して無知ではない。彼の教科書を丁寧に読めば、利潤論を解説する章で、企業家がイノベーション（彼は「新しい生産物を振興したり古くからの生産物を安く売る方法を発見したりする」と表現している）を遂行することによって利潤を稼ぐことに触れているし、ナイトが『危険・不確実性・利潤』（一九二一年）において「真の利潤は不確実性と結びついている」という理論を提示したことも正確に記述している（Samuelson〔1964〕）。

だが、新古典派経済学の理論構造を数理的に解明した彼の理論上の最高傑作『経済分析の基礎』（一九四七年）では、「企業家」の役割について明示的に記述している部分はないといっても過言ではない。それゆえ、ボーモルが前に触れた論文のなかで、「理論的な企業は企業家不在――デンマークの王子は『ハムレット』の議論から抹消されてしまった」と嘆いているのも無理はない。ボーモルは、新古典派のモデルでは、「冒険心」（enterprise）や「自発性」（initiative）が活躍する余地は全くないとまで述べている。「企業家」はどこへ行ってしまったのだろうか。

もっとも、「企業家不在」を嘆くボーモルにしても、一九六八年当時は何らかの新しいアイデアを提案しているわけではなく、「企業家精神」の報酬について注意深く研究を積み重ねることを示唆するにとどまっている。だが、私は、経済学の歴史をひもとくことによって、この問題についての示唆やヒントを得ることは十分に可能だと思う。この作業は、「企業家」や「企業家精神」の捉え方をめぐる論点を整理するのにも役に立つに違いない。

「利益もなければ損失も受けない」

ところで、私は前に「新古典派」という言葉を注釈なしに使ってしまったが、それはレオン・ワルラス（1834-1910）の一般均衡理論の流れを汲むという、現在ふつうに使われている意味を踏襲したからである。新古典派は、もともと、有名なケインズの師匠であるアルフレッド・マーシャルの経済学を指す言葉だったが、ここでは、この問題には深入りはしない。通説に倣って、新古典派の源流ともいうべきワルラスをひもとき、企業家がどのように扱われているのか、検討することにしよう。

ワルラスの主著は『純粋経済学要論』（第一分冊一八七四年、第二分冊一八七七年）だが、この本はその後、幾度かの改訂を経てワルラスの生前には一九〇〇年に第四版（決定版）が出版された。死後もマイナーな修正を経て一九二六年に最終版が出されたが、私たちがふつう日本語版として読んでいるものはこの最終版である（Walras〔1926〕）。この本が現代の一般均衡理論の基礎を築いたことは間違いないが、企業家の役割をみるには、副題にある「社会的富の理論」の意味を考えなければならない。

ワルラスは、「社会的富」を「稀少である」（効用があるとともに量に限りがあるという意味）ために価格をもつことができるような物質的・非物質的なものの総体であるとして捉える。「社会的富」は、さらに、一回以上使用することのできる「資本」（または「耐久財」）と、一回しか使用することのできない「収入」（または「消耗財」）に分けられる。「資本」は、固定資本を意味する「狭義の資本財」ばかりでなく、「人的能力」や「土地」を含む。

「収入」は、消費財や原料のほか、資本の継続的使用を意味する各種の「用役」（「資本用役」「土地用役」「人的用役」）を含んでいる。

「資本用役」「土地用役」「人的用役」の所有者は、それぞれ「資本家」「地主」「労働者」だが、そのほかに提供された用役を様々な生産的用途にあてることによって利潤を最大化しようとする「企業者」が存在する。他方、用役の所有者たちは、自己の用役を個人的消費にあてる部分と、企業者に売却する部分に分けることによって、用役の個人的消費から得られる効用と、用役を企業者に提供した対価で購入した生産物から得られる効用の総和を最大化しようとする。

こうして、経済体系には、売り手としての用役の所有者と買い手としての企業者が出会う「生産用役の市場」と、売り手としての企業者と買い手としての用役の所有者が出会う「生産物の市場」が成立するが、いわゆる「一般均衡」は、この二つの市場の均衡を通じて達成される。ワルラスは、そのための条件として、（1）生産用役の需給の均等、（2）生産物の需給の均等、（3）生産物の価格と生産費の均等、の三つを挙げた。ワルラスは、次のように述べている。

「この生産の均衡状態は、交換の均衡状態と同様に、理念的状態であって、現実の状態ではない。生産物の売価が生産用役の費用に絶対的に相等しいということは決してあり得ないであろう。それと同様に、生産用役または生産物の有効供給と有効需要とが絶対的に等しいということも決してあり得ないであろう。しかし、この状態は、生産および交換に自由競争の規制が適用せられる場合に、自然にそれに向かって落ち着いてゆくであろう状態であるという意味において、正常な状態である。」（Walras〔1926〕）

だが、たとえ「理念的状態」であったとしても、一般均衡の状態で企業者が「利益も得なければ損失も受けない」（Walras〔1926〕）存在になることは、ワルラスが企業者機能のなかに通常の経営管理以上の特別の役割を認めていなかった証左ととられても仕方がない。実際、ワルラスは、企業者について、「企業者は他の企業家から原料を購入し、地代を払って地主から土地を賃借し、賃金を支払って労働者の人的能力を賃借し、利子を支払って資本家の資本を賃借し、最後にこれらの生産用役を原料に適用して得られた生産物を自分の計算で販売する人（個人または会社）である」（Walras〔1926〕）という以上のことは述べていない。それゆえ、のちに、ヨゼフ・アロイス・シュンペーターは、ワルラス体系における企業者が極めて消極的な役割しか果たさないことに異を唱え、イノベーションを軸にした企業者論を展開していくことになるのだが、シュンペーターの企業者論を検討するのは第二章に譲って、もう一つ別の事情に触れておきたい。

フランス人の貢献――セイとカンティヨン

いま、私は新古典派の代表としてワルラスを取り上げたが、これは前にも触れたように、ワルラスが現代の一般均衡理論の源流だからであった。だが、ワルラスは職を転々としながらようやく最後にスイスのローザンヌ・アカデミーで教授になったものの、彼の経済学は祖国フランスでは決して温かく迎えられなかった。当時のフランスで影響力をもっていたのは、ジャン゠バティスト・セイ（1767–1832）の経済学である。セイは、のちに有名なジョン・メイナード・ケインズ（1883–1946）が『雇用・利子および貨幣の一般理論』（一九三六年）のなかで「セイの（販路）法則」（供給はそれ自らの需要を創り出すという考え方のこと）を痛烈に批判したので、必ずしも評判のよい経済学者ではないが、企業家論では無視できない仕事を残している（Say〔2006〕*）。

＊　セイの『経済学提要』は、一八〇三年に初版が出たあと、何度か改訂され、一八四一年に第六版が出ているが、私が所有しているのは二〇〇六年に出された全集版のものである。それ以前にも復刻されたことがあるが、ページ数などが微妙に異なる。

栗田啓子氏は、「J－B・セイの企業者概念――革新者の出現」と題する優れた論文〔栗田〔1986〕〕のなかで、「自分の計算に基づき pour son compte、利益を求めリスクに身をさらしながら à son profit et à ses risques、なんらかの生産物を生産しようと企てる者である」としてのセイの企業家像に注目し、セイが企業家の役割として五つを挙げていたとまとめている。すなわち、それは、(1) 生産における意思決定、(2) 資本調達、(3) 情報収集、(4) 危険負担、(5) イノベーション、であると。このなかには、均衡を維持・回復する要因も、均衡を破壊する要因（とくに (5) のイノベーション）も入っているが、栗田氏の卓見は、セイの企業家像を両面から統一的に捉えることによって市場均衡論とのつながりを明確にしたことである。

「均衡状態では期待できない超過利潤を動機として、企業者は危険を伴うイノベーションを追求する。しかし、合理的な多数の（潜在的）企業者の存在は、その超過利潤を消滅させ、新たな均衡状態を出現させる。それが、「販路の法則」の世界である。そこでは、価格と生産費が均等しているので、企業者は生産費に含まれる彼の「労働」に対する報酬を受け取るにすぎない。」（栗田〔1986〕）

セイからシュンペーターの静態・動態二元論へとつながるような解釈が提示されていてまことに興味深いが（もちろん、後者の「企業者」は前者のそれとは違う点も少なくないが）、ここで確認したいのは、セイよりも後に出てきたワルラスの経済理論では企業家が極めて消極的な役割しか演じないという意味でセイよりも後退していることである。だからといって、ワルラスの経済学史上の重要性が減じるわけでは決してないが、企業家論ではイギリスよりはフランスの経済学者の貢献が重要なだけにワルラスの「消極性」はかえって目立つように思われる。

そもそも、「企業家」という言葉は、entrepreneur というフランス語であり、アングロサクソン圏の文献にはそれに当たる言葉がなかった。セイの著作の英訳をみればわかるように、adventurer や undertaker などの英語が使われていた（Say

〔2001〕）。企業家論ではフランスがアングロサクソン圏よりも前を行っていたということは、企業家論に貢献した者がフランスにはセイ以外にもいるということでもある。私の念頭にあるのはリシャール・カンティヨン（1680から90の間 -1734）だが、彼はアイルランド出身なので、厳密にはフランス人とは言えないという意見もあるだろう。いま手に入る彼の主著『商業試論』（一七五五年）の邦訳も、リチャード・カンティロンと英語読みしている。だが、フランスで活躍し、『商業試論』も最初はフランス語で出版されたという意味では、フランスとの縁は浅からぬものがあるので、本書では、彼をフランス経済学を担った重要人物のひとりとして取り上げたい。もっとも、ここでは彼の企業家論に的を絞っており、F・A・ハイエク（Hayek〔1985〕）のように包括的な評価を試みるつもりはないことだけはおことわりしておきたい。

カンティヨンの『商業試論』（Cantillon〔1931〕）は、私たちの関心では、「企業家」を軸にした市場システム論として読むと、示唆に富む。カンティヨンは、君主と地主以外の者を「従属者」に分類しているが、従属者はさらに「企業者」と「給与の所得者」から構成される。留意すべきは、「給与の所得者」が「一定の給与の所得者」なのに対して、「企業者」が「一定していない給与の所得者」として捉えられていることである。すなわち、企業家は、「一定の代価」でものを仕入れて、「一定しない代価」でそれを売るという意味で、不確実性の下で意思決定をおこなう「危険負担者」であるという視点が明確に打ち出されているのである。

「田舎の物産を都市に運ぶ企業者または商人が都市にとどまって、物産が消費されるのに合わせて小売りするというようなことはできない。都市の家庭では、どうせ消費するのだからと物産を一度に買いこむようなことはしないだろう。どの家庭でも、家族数とともに消費にも増減が生じうるのであり、少なくとも消費する物産の種類には変動が生じうるのであるから、家庭内ではワインの買い置きぐらいしかしないものである。いずれにせよ、都市の住民の大多数はその日その日をただきっちりと暮らしている人々であるから、彼らは最も強力な消費者ではあるが、田舎の物産を買いためておくようなことはできないだろう。

このようなわけで、都市で暮らす多くの人が自ら商人または企業者となって、田舎の物産を運送業者から買い入れたり、あるいは自分の負担で運ばせたりするようになる。彼らは、彼らが物産を買い入れる現地の価格に従って一定の代価を支払い、これに一定していない価格をつけて、卸し売り、あるいは小売りでこれを転売するのである。

　これらの企業者たちは羊毛や穀物の卸し売り商人であり、パン屋であり、肉屋であり、製造業者であり、そしてありとあらゆる種類の商人である。彼らは田舎の物産や原料を買い入れ、これらのものを住民たちの消費が進むにつれて加工し、転売するのである。

　これらの企業者たちは、自分の競争相手があらゆる手段をつくして懸命に顧客を自分の方へひき寄せようとするので、自分たちの都市の消費量がいったい、どれくらいのものか、また自分の顧客がいったい、いつまで自分から買ってくれるのか、そういうことを全く知ることができない。そのため、こういう企業者たちみんなの間に大きな不安が生じて、毎日のように破産する者が現れるのである。」（Cantillon〔1931〕、傍点は引用者）

　カンティヨンの企業家は、もっと原典に内在的にいうと、つねに変動する「市場価格」と、決して変動しない「内在価値」（物の生産に入り込む土地と労働の量の大きさのことで、おおよそ生産費によって決まると考えればよい）の差額である利潤を求めて行動するが、彼らの行動（具体的には、超過供給のあるところで物を買い入れ、超過需要のあるところでそれを売ること）のおかげで、需要と供給が調整され、やがて市場価格と内在価値が一致する均衡に到達する。カンティヨンは、このような企業家の活動を軸にした市場システム論を正確に理解していたのだ。

「小さな店の商人やあらゆる種類の小売り商人たちは企業者である。彼らは一定の価格で買い入れたものを、彼らの店や公共の広場で一定でない価格で転売する。一国のこの種の企業者たちを励まし支えているものはなにかといえば、それは、彼らの顧客である消費者たちが自分で買い置きしておくよりは多少高くついても、必要なものをいつでも少しずつ手に入れられる方を好むということであり、また大多数の消費者は製造業者から直接に買い入れて蓄えておくほどの資力を持っていないということである。

これらの企業者はみな、それぞれが互いに消費者となり顧客となる。ラシャ商人はワイン商人の顧客であり、ワイン商人はラシャ商人の顧客である。彼らは国内で彼らの顧客たち、すなわち彼らの消費とつり合うのである。ある都市とか街路とかで、帽子を買い求める人の数より帽子屋の数の方が多すぎるならば、最も客の少ないなん軒かの帽子屋は破産せざるをえないだろう。帽子屋が少なすぎるようであれば、帽子屋は有利な企業になるだろうし、それがなん人かの帽子屋を励まして、そこで新規に店を開かせるだろう。こうしてあらゆる種類の企業者が一国内でどうにかつり合うのである。」（Cantillon〔1931〕）

カンティヨンの企業家論は、「商人」という限定された役割とはいえ、企業家機能の本質を「不確実性の下での危険負担」として捉え、それを例えば資本調達などとは峻別した点において、「初期におけるフランスの貢献」として専門家に高く評価されている（Hébert and Link〔2009〕）。もちろん、その後の資本主義の発展とともに、例えばセイのように企業家機能のなかに別の要因を挙げる経済学者も増えていくが（それによって分類が多少折衷主義的になっていったのは否めない）、「一国における交換と流通のすべてが、この企業者たちの仲介で行われるのである」（Cantillon〔1931〕）と明言したカンティヨンの慧眼には惜しみない賛辞を送るべきだろう。

スミスの「資本家兼企業家」

ところが、アングロサクソン圏、もっと端的にいうと、アダム・スミス（1723-90）からジョン・メイナード・ケインズの時代まで経済学の本流であったはずのイギリスでは、

entrepreneur に相当する言葉もないほど、企業家論ではフランスの後塵を拝していた。もちろん、これは多少言い過ぎかもしれない。スミスが、私たちがふつう「企業家」と呼ぶ者の危険負担やイノベーションについて無知であったというのは当たらないからだ（Aspromourgos〔2012〕）。『国富論』（一七七六年）を有名にした分業による生産性の向上のケースは、生産工程の改善という意味で「プロセス・イノベーション」に当たるだろうし、「投機的な商人」の危険負担への言及もきちんとある（スミスはところどころ projector という言葉を使っている）。

『国富論』は、経済学の古典というよりは、探せば何でも書いてあるような真の意味での啓蒙書といっても過言ではないので、「見えざる手」のような有名な箇所だけでなく、他の部分もぜひ読んでみてほしい。

「なにか新しい製造業を起したり、なにか新しい商業部門を開設したり、農業上のなにか新規の方法を創設したりするのは、つねに一種の投機であって、投機的企業家はそれから特別な利潤を期待するものである。そうした利潤が、ときには非常に大きいこともあるし、またときには、いやおそらくはいっそうしばしば、まったく反対の結果に終わることもある。しかし、このような利潤は一般に、近隣地方における他の旧来の事業のそれと規則的な比例を保つことはないのである。もしもこの事業企画が成功すれば、利潤は最初は非常に高いのが普通である。この新規の事業や方法が普及し根をおろすようになり、そして世間に知れわたると、競争によって、その高い利潤は他の事業の水準まで引き下げられてしまう。」(Smith〔1789〕)

「投機的な商人は、正規の、基礎の確立した世間周知の事業部門では、仕事をしない。かれは、今年は穀物商かと思うと翌年は葡萄酒商であり、またその次の年には砂糖、煙草、または茶の商人にもなる。かれは、普通以上に利益があるらしいということが予期される場合にはどんな事業にも手を出し、そして、その事業の利潤が他の事業の水準に復帰するらしいということが予期されるや、それを見捨ててしまう。だからかれの損益は、基礎が確立した世間周知のどんな事業部門の損益とも、一定の規則正しい比率を保ちえない。大胆な冒険者であれば、二、三回の投機に成功して、かなりの財産を獲得することもあるかもしれないが、しかしまた、二、三回の運の悪い投機で財産を失ってしまう恐れもある。この種の事業は、大都市以外の場所ではとても営むことはできない。それに必要な情報が

手にはいるのは、最も大規模な商業と通信が発達している場所にかぎられるからである。」（Smith〔1789〕）

だが、スミスの時代は、株式会社による資本調達や有限責任制が登場する以前の「個人的な冒険資本家の英雄時代」（Court〔1954〕）であり、資本家が企業家を兼ねていた、あるいは、企業家が資本家のなかに埋没していたことも正確に押さえておかなければならない。イギリス古典派経済学の流れのなかで、スミスやデイヴィッド・リカード（1772-1823）が資本家と企業家を峻別できなかった歴史的背景はここにある。

スミスの『国富論』は、基本的に「資本家」「地主」「労働者」から構成される資本主義の黎明期を捉えていた。そのことは、彼の価値論に典型的に表れている（Smith〔1789〕）。スミスは、「自然価格」を「賃金の自然率＋利潤の自然率＋地代の自然率」のように定義しているが、賃金、利潤、地代を受け取るのが労働者、資本家、地主に他ならない。ただし、「ふつうに売られる現実の価格」としての「市場価格」は需給状況に応じて変動するので、自然価格とつねに一致するとは限らない。それにもかかわらず、資本、労働、土地の自由な移動が可能であれば、換言すれば、自由競争が普及していれば、市場価格はたえず自然価格に引き寄せられる傾向があるというのがスミスの価値論のポイントである。

「それゆえ、自然価格というのは、いわば中心価格《セントラル・プライス》であって、そこに向けてすべての商品の価格がたえずひきつけられるものなのである。さまざまな偶然の事情が、ときにはこれらの商品価格を中心価格以上に高く釣り上げておくこともあるし、またときにはいくらかその下に押し下げることもあるだろうが、このような静止と持続の中心におちつくのを妨げる障害がなんであろうと、これらの価格はたえずこの中心に向って動くのである。」（Smith〔1789〕）

とりわけ、資本主義において重要なのは「資本の可動性」であり、資本が最大の利潤を求めて生産部門間を自由に移動すれば、いずれ、どの部門でも「均等利潤率」が成立するはずである。それゆえ、自然価格は、均等利潤率が成立したときの価格として定義することもできる。言うまでもないが、資本を動かすのは資本家であり、スミスに始まるイギリス古典派経済学では、資本家が企業家を兼ねる仕事をするのが暗黙の了解事項だったといってもよい。

同じことは、リカードについても当てはまる。リカードの『経済学および課税の原理』（一八一七年）の序文には、生産物が社会を構成する地主、資本家、労働者の三階級の間にどのように分配されるのか、その分配法則を解明するのが経済学の課題だと明言している。

「大地《アース》の生産物――つまり労働と機械と資本とを結合して使用することによって、地表からとり出されるすべての物は、社会の三階級の間で、すなわち土地の所有者と、その耕作に必要な資財つまり資本の所有者と、その勤労によって土地を耕作する労働者との間で分けられる。

だが、社会の異なる段階においては、大地の全生産物のうち、地代・利潤・賃金という名称でこの三階級のそれぞれに割りあてられる割合は、きわめて大きく異なるだろう。なぜなら、それは主として、土壌の実際の肥沃度、資本の蓄積と人口の多少、および農業で用いられる熟練と創意と用具とに依存しているからである。

この分配を規定する諸法則を確定することが経済学の主要問題である。」（Ricardo〔1819〕）

リカードにおいては、スミスよりさらに一歩踏み込んで「資本の可動性」に着目した価値論が提示されていることにも留意しなければならない。

「そうだとすれば、諸商品の市場価格が、どれほどかの期間、引き続きその自然価格のはるか上にあるか、はるか下にあることを妨げるものは、あらゆる資本家が抱く、その資金を不利な部門から有利な部門へ転じようとする願望なのである。この競争こそが諸商品の交換価値を調整して、その結果、諸商品の生産に必要な労働に対する賃金と、投下資本をその本来の効率状態に置くのに要する他のすべての経費を支払った後に、なお残る価値または余剰が各産業において投下資本の価値に比例するようにするのである。」（Ricardo〔1819〕）

だが、株式会社による資本調達と有限責任制が次第に普及していけば、資本家と企業家は分離していかないのだろうか。著名な経済史家は、十九世紀を通じて、確かにそのような傾向がみられたことをきちんと指摘している。

「十九世紀初めの七十五年間には、株式組織によって融資を受ける方法が普及するのは、まだ極めて限られまた遅々たるものではあったが、その間の普及は将来に対しては無限に重要な意義を持つものであった。これは一八三〇年以前の古典的な産業革命の時代に、経済学の創始者であるアダム・スミスやリカードには周知であった企業形態や金融形態がすでに終わったことを意味するものであった。以前の時代は、単独の所有者またはパートナーとして自らの事業に融資するとともにこれを経営し、その責任と危険を無限に引き受けるといったような個人が経済界の原動力になっている時代であった。その際、彼の利潤や報酬に対する要求は、しばしば少しの節制や抑制もなしに行われたが、これがなしえた根拠は、一つは彼が自分の資本に対する危険を引き受けた点にあり、いま一つは彼が積極的な経営参加という形でその企業の生産品の中に「自己の労働を混入した」点にある。しかし、今や次第に到来しつつある新時代においては、投資家はしばしば自分が投資する産業に対して、なんら実際的経験を持たないという意味において、資本は次第に盲目的になり、また株主はその事業場に現われず、従ってまた労働者にも知られないため、資本は次第に匿名になりつつあった。かくて投資と経営の機能は次第に分化し、会社の主要な決定はますます有給の支配人に委任され、株主に対する支配人の関係は必ずしも明白ではなくなった。このような株式組織による金融は、以前とは異なって大規模に建てられ、違った方法で組織された新しい形態の経済界の到来を可能にしたが、ここでは資本と労働とが大規模に集中されて、業務の執行を複雑にし、かくしてその政策はますます専門の経営者によって彼らのために行われるに至った。」（Court〔1954〕）

過渡期にあるミルの「企業家」像

だが、経済史家が指摘するこのような変化が、ただちに経済学者の思考に顕著な影響を与えたかといえば、事実は必ずしもそうではない。この時期にイギリス古典派経済学の大物と目されていたのはジョン・スチュアート・ミル（1806-73）だが、彼の『経済学原理』（一八四八年）をひもとくと、イギリスで企業家を指す undertaker という言葉は登場するものの、それを使った箇所に次のような注釈を付けている。

「遺憾ながら、この *undertaker* という言葉は、この意味においては、イギリス人の耳に親しい言葉となっていない。フランスの経済学者たちが日常 les profits de l'entrepreneur〔企業家の利潤〕という言葉を使いうるということは、彼らにとって大きな特典である。」

（Mill〔1871〕）

ミルは、資本が生み出す総利潤を、（1）資本家の「制欲」に対する報酬としての利子、（2）危険に対する保険料、（3）監督労賃の三つに分けている。この場合、企業家の報酬は（2）と（3）の合計となる。このような分類は、スミスやリカードよりは進んでいるが、セイが挙げた企業家機能よりは後退している。いったい、ミルは、しばしば「過渡期」の思想家と呼ばれていたが、それはマルクス主義の影響が強かった頃、利潤の源泉を「剰余労働」に求めたカール・マルクス（1818-83）に対して、右のような分類が「資本主義弁護論」のように受け取られたからであった（杉原〔1973〕）。

彼がフランスに倣った労働者が組織する協同組合運動を積極的に評価し、それが大規模生産による効率や節約と調和しながら発展していくことを期待したのも、資本主義の崩壊から社会主義への道を説いたマルクス主義者には好意的には評価されなかった。ただし、彼が資本主義と社会主義の長所・短所を比較検討するという比較経済体制論の初期の論客のひとりであり、資本主義から社会主義への急激な体制変革を退け、資本主義の弊害を漸進的に改革していく立場を堅持したことは記憶されてよい。このような立場は、古典派の価値論（労働価値説の流れ）を刷新した「限界革命」後の混乱を収めてイギリスの経済学界を支配することになるアルフレッド・マーシャル（1842-1924）に受け継がれていく。*

＊　古典派の価値論は、商品の生産に投入される労働量に注目する投下労働価値説から始まったが、ミルの時代には、生産にかかった生産費が価値を決めるという考えに変容していく。だが、価値論に生産や供給の側からアプローチする点は変わらない。限界革命は、それに対して、「限界効用」（消費を一単位増加したときの効用の増分）に注目したが、これは需要の側からのアプローチだという特徴をもっている。マーシャルは、古典派と限界効用学派の無用な対立を回避し、両者を時間の要素を明確にしながら「需要と供給の均衡」という枠組みの中に包摂していった。彼の主著『経済学原理』（一八九〇年）は、アングロサクソン圏の経済学界を支配し、マーシャルを創設者とするケンブリッジ学派からは、A・C・ピグー、J・M・ケインズ、D・H・ロバートソンなどの有能な経済学者が輩出した。詳しくは、拙著『経済学の歴史』（講談社学術文庫、二〇〇五年）を参照のこと。

「天性の人間の指導者」でもあるマーシャル

ミルのあとでイギリスの経済学界で重きをなしたのはマーシャルだが、マーシャルの思想は、現在の教科書にも採り入れられている「需要と供給の均衡」の図を除くと、なかなか明快には説明しがたい。もっと踏み込んでいえば、経済の実態を知っているということが、必ずしも彼の理論の「根幹」に昇華されていないからである。

マーシャルは、主著『経済学原理』（一八九〇年）に代表されるように、当代一の経済理論家であったが、ふつうの理論家と違って、ヨーロッパの経済の歴史や制度などにも精通した優れた教養人であった。『経済学原理』にもその片鱗をうかがうことができるが、『産業と商業』（一九一九年）では経済史を広範にひもとき、まだ大商人が活躍していた十八世紀から産業革命を経て次第に「企業家」（マーシャルはundertakerという言葉を使っている）が活躍するようになった十九世紀後半以降の動きを捉えている。マーシャルが企業家の危険負担やイノベーションの役割を見逃したというのは当たらない。

「……建設的な商人はより高いところを目指し、より遠くを見る。彼らは、需要の将来における発展を予想し、新しい生産方法の発展を利用して低い生産費で大量に生産でき、したがって一般の消費を喚起できる財を供給しようと、絶えず努力する。そのような財が需要を喚起できるのは、その財が持っていると人々が考える価値よりも廉く売られるからであり、しかも、彼がそれを売る価格は、彼がそのために費やし、したがってある意味では彼にとって持っている価値よりもはるかに高いからである。このような仕事のためには柔軟な心と困難な仕事を喜ぶ心が必要である。そして、そのような性格は、相続によって富を得た人々の間に見出されることは稀であって、むしろ下層から身を起した企業家undertakerのなかに、高度に見出される性格であった。」（Marshall〔1923〕）

「企業家としては、実際問題の発生に応じて、それぞれの問題の核心を把握し、それに自らの精神を集中し、そのような中心問題と、それをとりまく諸問題の間の関連を見出すことに努力し、問題のもつ軽重の観念を誤まることなく、実際的な結論を打ち出し、このようにして打ち出された政策を断固として追求しつつ、しかも、つねに新しい着想に、とくに問題をとりまく環境と条件の変化によって必要となるようなら着想に配慮する、心構えを失わない能力を必要とした。……

また他面において、供給を組織し、需要を満足させ、または喚起する仕事と、それに伴う危険を負担する企業家が、その仕事を支配する家郷的な（homely）生産者のある意味での雇主となる傾向が、引きつづき顕著となりつつあった。彼らが、資本主義的な製造業者に発展する過程は漸進的で、かつ連続的であった。そして、この過程が完成したとき、「人間の指導者」master of men としてもつ彼の機能は、生産と販売の組織者としての彼の機能と、同一の水準となった。そのためには、彼は、母国を遠く離れて長い航海をする商船の有能な船長が持っているのと、幾分似た心情と性格の特質を必要とした。そして、これらの性質もまたイギリス人に生来のものであり、それまでの世界を股にかけた活動によって発展したものであった。」（Marshall〔1923〕）

マーシャルは、株式会社の発展によって株主と経営者の役割が分離してきた事実（換言すれば、資本家と企業家の役割分担が定まりつつあったこと）も、決して見逃してはいない。だが、「株式会社は大きな弾力性を持っており、遂行される仕事が広範な領域を提供する時には、際限なく拡大することができる。またほとんどあらゆる方向に進出している」とは指摘しながらも、「しかし主要な危険を引き受ける株主の側が、企業の十分な知識を欠いているという点では、一つの重大な弱点の源泉が存在する」というように、株式会社の発展を手放しで礼賛しているわけではない。しかも、ここが重要なポイントだが、株式会社の発展による、いわゆる「所有と経営の分離」や巨大企業の出現などは、マーシャルの経済理論の「根幹」である「需要と供給の均衡」理論にはほとんど影響を及ぼしていないことである。前に使った言葉遣いをすれば、経済の実態を熟知していることが理論の「根幹」に「昇華」されていないのだ。それゆえ、『経済学原理』において企業家の定義を提示しようとするとき、どうしても厳密には企業家機能のひとつには数えられないような要素が混入してしまうのだ。

「……特別な注文に応じて作るのではなく、一般市場に向けて財を生産する製造業者は、商人および生産の組織の組織者としての彼の第一の任務として、自らの業種の扱う事物について徹底した知識を持たなければならない。彼は生産と消費の広範な動向を予想する力を持ち、真実の欲求に応えることができる新しい商品を提供する機会がどこに存在し、また古い商品を生産する方法を改善する機会がどこに存在するかを、発見しなければならない。彼は注意深く判断し、大胆に危険を引き受けなければならない。また彼は、当然のことして、自己の業種で用いられる原料と機械を理解しなければならない。
しかし第二に彼は雇主としての役割においては人間の天性の指導者でなければならない。彼はまず助力者を正しく選び、ついで彼らを十分に信頼する力を持たなければならない。彼らを企業に対して関心を持つようにし、彼を信頼するようにさせ、そうすることによって彼らの中に存在する企業心と創造力を引き出す力を持たなければならない。同時に彼自身はすべてのことに対して全般的な統率力を発揮し、企業の中心的な計画において秩序と統一を維持しなければならない。」（Marshall〔1920〕）

現代からみても、これは企業家の立派な定義だろう。企業家機能のほとんどが網羅されていると言ってもよい。だが、例えば企業家機能の本質を「イノベーション」唯一として捉えたシュンペーターの目には、本質的でない要素がごちゃ混ぜに入っているように思えたであろう。シュンペーターの企業家像については第二章で詳述するつもりだが、彼がなぜマーシャル流の定義に満足できないのか、少し長いが以下の文章をよく読んでほしい。

「過去の時代における企業者はふつう資本家でもあったが、同一の役割でない限り、また特別な場合に専門家を招くことのない限りは、同時にその経営の技師であったり、技術指導者でもあった——今日でもそういう場合は多い。彼はまた多くの場合、販売・購入の最高主任であり、事務長であり、使用人や労働者の監督者であり、また弁護士を使うのが普通ではあるが、場合によっては日常業務に関する法律家でもあったのであり、また今日においてもそうであることが少なくない。そしてこれらの機能の一部または全部を履行するさいに、多くの場合彼は始めてとくに企業者的な機能を発揮しうるのである。なぜなら、新結合［イノベーション］の遂行は、これをおこなう人を概念的に純粋に特徴づけるような生涯の職業とはなりえないからである。それはちょうど戦略上の決断とその遂行のようなものであって、しかも「将軍」をして将軍の類型たらしめるものは、まさにこの機能であり、官職上の事務事項を処理することではない。したがって、企業者の本質的機能はつねに他の種類の活動と結びついて現われざるをえない。けれども、これらの活動のどれも必然的なものではなく、また絶対に普遍的なものでもない。そしてまさにこの点こそわれわれの解釈を強固にするものである。したがって、企業者機能を単純に最も広い意味での「経営」（management）と同一視するマーシャル学派の企業者の定義は、十分な意味をもつのである。ただわれわれがこの定義を承認できない理由は次の点にある。すなわち、われわれの問題とするところはまさに、企業者活動の特徴を他の活動から区別し、これを特殊な現象たらしめる本質的な点にあるのに対して、彼の場合にはこの点が多くの日常的事務管理の中に埋没しているからである。」(Schumpeter〔1926〕、〔 〕内は引用者の補足)

もちろん、マーシャルは決して過小評価されるべき経済学者ではない。ただ、彼のよさは、「組織」のなかの企業家という視点を打ち出したことにあると思われるので、これも第二章でまとめて取り上げることにしたい。

不確実性の中にあるケインズ

マーシャルは、「ケンブリッジ学派」という強力な学派の総帥として、A・C・ピグー(1877-1959)、D・H・ロバートソン(1890-1963)、ケインズなどの有能な経済学者を育成したが、このなかでは、ケインズの企業家についての見方が一聴に値する。

ケインズが彼の生きたイギリス社会を「投資者階級」「企業家階級」「労働者階級」の三つに分けたことはケインズ研究の常識となっているが(伊東〔1962〕)、ケインズも「所有と経営の分離」には十分に気づいていたので、貯蓄や資金の投資をおこなう投資者と、利潤獲得を動機として生産活動をおこなう企業家とはきちんと区別している。ひとつ注意すべきは、イギリスの古典派と違って、「地主階級」が抜け落ちていることである。イギリスの資本主義の特徴として、かつて「土地をもつジェントルマン」と呼ばれた土地貴族が、衰退する農業に見切りをつけて、資産を内外の債券や株式に投資することによって金利生活者になっていった事実があるが（川北〔1998〕）、金利生活者は、ケインズの分類では、もちろん投資者階級のなかに入ることに留意してほしい。

ケインズの企業家論といっても、彼のどの著作を取り上げるかで違いも出てくるかもしれないが、やはり最も有名で経済学史を塗り替えた『一般理論』における企業家論が屹立している。『一般理論』では、企業家の「投資」（この場合は、株式投資の意味ではなく、工場設備などの純増に代表されるような資本資産の純増を指す）行動について、次のような理論を提示している。すなわち、企業家は、投資から得られると予想される利潤率（ケインズは「資本の限界効率」と呼ぶ）と、金融市場で決まる利子率を比較しながら、前者が後者よりも大ならば投資を拡大、その逆ならば投資を縮小というふうに行動することによって、最終的に、両者が一致するところまで投資をおこなうと。

だが、現代の株式会社制度では、例えば資本の限界効率の上昇が株価を引き上げるというように、資本の限界効率の動きが株価に反映されるという一面もある。資本の限界効率が「予想」いかんで変動しやすいことは言うまでもないが、それに加えて、株式市場における「投機」が不安定な大衆心理と相俟って株価を上下に激動させる可能性もある。つまり、株価の動きが必ずしも経済の実体を正確に反映したものではなくなってくるのである。

ケインズは、「不確実性」の世界では、それがむしろ常態になる可能性を示唆している。ここで、不確実性とは、「われわれが予想収益を推定するさいに依拠しなければならない知識の基礎が極端に当てにならない」（Keynes〔1973〕）という意味である。ケインズは、そのような不確実性の世界では、「投機」が「企業」に勝ってしまいかねないと指摘している。

「もし投機（speculation）という言葉を市場の心理を予測する活動に当て、企業（enterprise）という言葉を資産の全存続期間にわたる予想収益を予測する活動に当てることが許されるなら、投機が企業以上に優位を占めるということは必ずしもつねに事実ではない。しかし、投資市場の組織が改善されるにつれて、投機が優位を占める危険は事実増大する。世界における最大の投資市場の一つであるニューヨークにおいては、投機（上述の意味における）

の支配力は巨大なものである。金融界の外部においてすら、アメリカ人は平均的意見がなにを平均的意見であると信じているかを発見することに不当に関心を寄せる傾向がある。……すなわち、アメリカ人は投資物件を買う場合、その予想収益よりもむしろ評価の慣行的基礎の有利な変化に対して望みをかけており、アメリカ人は上述の意味における投機家である、ということがそれである。投機家は、企業の着実な流れに浮かぶ泡沫としてならば、なんの害も与えないであろう。しかし、企業が投機の渦巻のなかの泡沫となると、事態は重大である。」（Keynes〔1973〕、末尾の傍点は引用者）

ケインズの企業家は、繰り返すが、ふつうなら資本の限界効率と利子率が等しくなるところまで投資をおこなうのが最も合理的であった。だが、不確実性の世界に投げ込まれると、すべての投資をこのように「機械的」に計算して行動に移すことは難しくなるのではないだろうか。「時間の圧力と将来についてのわれわれの無知の圧力」（Keynes〔1973〕）をかけられて決断を迫られたとき、企業家は何を根拠に意思決定をするのか。ケインズがそのとき持ち出したのが、それらの圧力を打ち破ろうとする「血気」（animal spirits）であった。

「投機に基づく不安定性がない場合にも、われわれの積極的な活動の大部分は、数学的期待値――道徳的、快楽的、経済的を問わず――に依存するよりもむしろ、自生的な楽観に依存しているという人間本性の特徴に基づく不安定性が存在する。十分な結果を引き出すためには将来の長期間を要するような、なにか積極的なことをしようとするわれわれの決意のおそらく大部分は、血気――不活動よりもむしろ活動を欲する自生的衝動――の結果としてのみ行われるものであって、数量的確率を乗じた数量的利益の加重平均の結果として行われるものではない。……したがって、もし血気が鈍り、自生的な楽観が挫け、数学的期待値以外にわれわれの頼るべきものがなくなれば、企業は衰え、死滅するであろう。ただし、その場合、損失への恐怖は、さきに利潤への希望がもっていた以上に合理的な基礎をもっているわけではない。」（Keynes〔1973〕）

ケインズの「不確実性の論理」は、愛弟子のジョーン・ロビンソン（1903–83）や一部のポスト・ケインジアンたちに受け継がれていくが、数量的分析が不可能であるがゆえに、現代経済学の主流派には浸透していない。だが、ケインズが『一般理論』のなかで展開した企業家論が、一面の真理を突いていることだけは間違いないように思える。「企業家」という視点から過去の偉大な経済学者の思想を整理する意義もここにあると言えよう。

参考文献

William J. Baumol, "Entrepreneurship in Economic Theory," *American Economic Review*, May 1968.

Paul A. Samuelson, *Economics*, sixth edition, 1964.（都留重人訳『経済学』上・下、岩波書店、一九六六―六七年）

Léon Walras, *Eléments d'économie politique pure ou Théorie de la richesse sociale*, 1926.（久武雅夫訳『純粋経済学要論』岩波書店、一九八三年）

Jean-Baptiste Say, *Œuvres Complètes*: I - Traité d'économie politique, publié avec le concours du Centre National du Livre, 2006.

栗田啓子「J－B・セイの企業者概念――革新者の出現」（『商学討究』第三六巻第三号、一九八六年三月）

Jean-Baptiste Say, *A Treatise on Political Economy*, with a new introduction by Munir Quddus and Salim Rashid, 2001.

Friedrich A. Hayek, "Richard Cantillon," *Journal of Libertarian Studies*, vol.7, no.2（Fall 1985）

Richard Cantillon, *Essai sur la nature du commerce en général*, edited by Henry Higgs, 1931.（津田内匠

訳『商業試論』名古屋大学出版会、一九九二年）
Robert F. Hébert and Albert N. Link, *A History of Entrepreneurship*, 2009.
Tony Aspromourgos, "Entrepreneurship, risk and income distribution in Adam Smith," *European Journal of the History of Economic Thought*, vol.21, no.1（August 2012）
Adam Smith, *An Inquiry into the Nature and Causes of the Wealth of Nations*, fifth edition, 1789.（大河内一男監訳『国富論』全三巻、中公文庫、一九七八年）
William Henry Bassano Court, *A Concise Economic History of Britain from 1750 to Recent Times*, 1954.（荒井政治・天川潤次郎訳『イギリス近代経済史：１７５０年より現代まで』ミネルヴァ書房、一九五七年）
David Ricardo, *On the Principles of Political Economy and Taxation*, second edition, 1819.（羽鳥卓也・吉澤芳樹訳『経済学および課税の原理』上・下、岩波文庫、一九八七年）
John Stuart Mill, *Principles of Political Economy with some of their Applications to Social Philosophy*, seventh edition, 1871.（末永茂喜訳『経済学原理』全五巻、岩波文庫、一九五九―一九六三年）
杉原四郎『イギリス経済思想史――J.S.ミルを中心として』（未來社、一九七三年）
Alfred Marshall, *Industry and Trade*, fourth edition, 1923.（永澤越郎訳『産業と商業』全三巻、岩波ブックセンター信山社、一九八六年）
Alfred Marshall, *Principles of Economics*, eighth edition, 1920.（永澤越郎訳『経済学原理』全四巻、岩

波ブックセンター信山社、一九八五年）

Joseph A. Schumpeter, *Theorie der wirtschaftlichen Entwicklung*, 2. Aufl., 1926.（塩野谷祐一・中山伊知郎・東畑精一訳『経済発展の理論』上・下、岩波文庫、一九七七年）

伊東光晴『ケインズ―〝新しい経済学〟の誕生―』（岩波新書、一九六二年）

川北稔編『イギリス史』（山川出版社、一九九八年）

John Maynard Keynes, *The Collected Writings of John Maynard Keynes*, vol.7, The General Theory of Employment, Interest and Money, 1973.（塩野谷祐一訳『ケインズ全集7巻　雇用・利子および貨幣の一般理論』東洋経済新報社、一九八三年）

第二章　シュンペーターの「英雄」

抜きん出ているシュンペーターの「企業家」像

シュンペーターの人気は日本ではきわめて高い。以前から指摘してきたが、彼の日本人の弟子たち（東畑精一、中山伊知郎、都留重人など）が日本の学界や論壇において大きな影響力をふるったこともその一因だろう。シュンペーターも日本の文化や歴史に高い関心をもっていた（都留〔1993〕、伊東・根井〔1993〕）。

だが、本書のテーマとの関連では、彼が『経済発展の理論』において「新結合」（のちには「イノベーション」という言葉が使われるようになったが、本書では同じ意味に用いる）の遂行こそが企業家機能の「本質」であり、それが経済発展をもたらす原動力なのだという力強いメッセージが世界に及ぼした影響が甚大であったことが重要である。それゆえ、第一章で紹介したような企業家論の先駆者たちがいたにもかかわらず、「企業家」「企業家精神」「イノベーション」といえば、誰もが即座にシュンペーターの名前を思い浮かべるようになったのである。

第一章でシュンペーターのマーシャル批判に少し触れておいたが、彼の批判はマーシャルだけではなく他の主要な経済学者たちにも当てはまるように思われる。シュンペーターは初期からマーシャルやケンブリッジ学派に対する対抗心が強かったので、当時の学界の頂点に君臨するマーシャルを代表的な標的にしたのではないだろうか（根井〔2001〕）。シュンペーターの見解は明快であり、企業家とは、イノベーションを遂行するために経済の舞台に登場し、そうでなくなった瞬間に舞台から消えるというものであった。

「われわれが企業（Unternehmung）と呼ぶものは、新結合の遂行およびそれを経営体などに具体化したもののことであり、企業者（Unternehmer）と呼ぶものは、新結合の遂行をみずからの機能とし、その遂行に当って能動的要素となるような経済主体のことである。」（Schumpeter〔1926〕）

「すなわち、だれでも「新結合を遂行する」場合にのみ基本的に企業者であって、したがって彼が一度創造された企業を単に循環的に経営していくようになると、企業者としての性格を喪失するのである。またそれゆえ、だれでも数十年間の努力を通じてつねに企業者のままでいることは稀であって、これはちょうど、どんなにわずかであっても、なんらの

企業者的要因ももたない実業家の存在が稀であるのと同様である。」(Schumpeter〔1926〕)

これは、イノベーション以外の役割を認めないという意味で、企業家機能の「純粋化」と言ってもよいだろう。彼はなぜこのような見解を提示したのか。これを理解するには、あらかじめ、彼の『経済発展の理論』のエッセンスを知っておく必要がある。そのあとなら、彼が企業家と資本家を峻別する理由も明らかになるだろう。

動態を始動させる企業家と補佐役の銀行家

シュンペーターの発展理論は、静態・動態二元論という構造をもっている。「静態」とは、フランソワ・ケネー(1694-1774)の『経済表』あるいはマルクスの単純再生産と同じように、すべての経済数量が年々歳々同じ規模で循環している世界である。変化のない世界では、経済主体は与件(資源・人口・技術・社会組織)に対して受動的に適応しているに過ぎないが、そのような経済主体は、本源的生産要素(労働と土地)の所有者である「労働者」と「地主」のみだという。それゆえ、すべての生産物価値は労働用役と土地用役の価値の合計となる。静態は、ひとつの抽象的世界だが、「発展」を解明する前に、全く発展のない世界を厳密に描写し、その後、なにが契機となって変化が生じるのかを吟味しなければならない。そして、その「契機」を与えるのは、企業家のイノベーション以外にないというのが、シュンペーターの考えである。

何の変化もない静態の世界に、ごく一握りの（おそらく最初はひとりの）天賦の才能に恵まれた「企業家」が颯爽と現れ、イノベーションを遂行することによって静態を破壊する。シュンペーターの時代の正統派経済学（当時「新古典派」と呼ばれたマーシャル経済学）では、「生産要素の入手可能量の変化」「人口の増加」「貯蓄の増加」などが発展への契機を与えると説かれたが、シュンペーターは、これらの要因によって引き起こされるのは質的に新しい現象ではなく、自然的与件の変化の場合と同じような適応過程に過ぎないと退ける。その理由は、「これらの年々の変化はきわめてわずかであり、したがって静態的考察方法の適用を妨げないからである。それにもかかわらず、これらの変化の発生はしばしばわれわれの意味での発展の条件となる。しかし、たとえこれらが発展を可能にすることがあるとしても、自分自身の中から発展を創造するのではない」（Schumpeter〔1926〕）と。

それゆえ、シュンペーターにとっては、「非連続的で急激な変化」以外には発展への契機にはなり得ないのである。企業家のイノベーションこそ、まさにこの例である。シュンペーターは、「非連続的で急激な変化」がなぜ重要なのか、『経済発展の理論』英語版の脚注において再び丁寧に解説している。

「経済生活は変化するものであり、一部分は与件の変動のために変化し、経済はこれに対して適応する傾向がある。しかし、経済の変化はこれだけが唯一のものではない。このほかに、与件に対する経済体系外からの影響によっては説明されないで、経済体系内から生ずる変化がある。この種の変化は多くの重要な経済現象の原因であって、それについて一つの理論を樹立するに値すると思われ、そしてそのためには、この現象を他の変化の要因から孤立させるべきであろう。著者自身が使い慣れているいっそう正確な定義を付け加えておきたい。すなわち、われわれが取り扱おうとしている変化は経済体系の内部から生ずるものであり、それはその体系の均衡点を動かすものであって、しかも新しい均衡点は古い均衡点からの微分的な歩みによっては到達しえないようなものである。郵便馬車をいくら連続的に加えても、それによってけっして鉄道をうることはできないであろう。」
（Schumpeter〔1926〕）

さて、これまで「イノベーション」とか「新結合」という言葉の意味を自明のものとして使ってきたが、シュンペーターがこれをどのように定義しているのか正確にみてみよう。

「一　新しい財貨、すなわち消費者の間でまだ知られていない財貨、あるいは新しい品質の財貨の生産。

二　新しい生産方法、すなわち当該産業部門において実際上未知な生産方法の導入。これはけっして科学的に新しい発見に基づく必要はなく、また商品の商業的取扱いに関する新しい方法をも含んでいる。

三　新しい販路の開拓、すなわち当該国の当該産業部門が従来参加していなかった市場の開拓。ただしこの市場が既存のものであるかどうかは問わない。

四　原料あるいは半製品の新しい供給源の獲得。この場合においても、この供給源が既存のものであるか――……あるいは始めてつくり出されねばならないかは問わない。

五　新しい組織の実現、すなわち独占的地位（たとえばトラスト化による）の形成あるいは独占の打破。」（Schumpeter〔1926〕）

シュンペーターの企業家は右の意味でのイノベーションの担い手として登場するが、彼が注意を喚起するのは、企業家が静態の世界で循環の軌道に従って経営している「単なる業主」とは明確に区別されることである（静態の世界には労働者と地主しか存在しなかったので、「単なる業主」は、この場合、労働者に包摂されると見なすほかない）。

さらに重要なのは、企業家がイノベーションを遂行するとき、一体、誰がそのための資金を提供するのかという問題である。静態の世界では、すべての経済数量が同じ規模で年々歳々循環しているので、貯蓄や資本蓄積などは生じず、イノベーションに資金を提供する所得の源泉はない。そこで、シュンペーターは、唯一の資本家として「銀行家」を登場させ、銀行の信用創造によってイノベーションがファイナンスされるというアイデアを織り込んだ。銀行の信用創造によって初めて企業家はイノベーションを遂行することができるのだから、銀行家は発展において企業家を補佐するきわめて重要な役割を演じることになる。

「したがって、銀行家は単に「購買力」という商品の仲介商人であるのではなく、またこれを第一義とするものでもなく、なによりもこの商品の生産者である。しかも現在ではすべての積立金や貯蓄はことごとく銀行家のもとに流れ込み、既存の購買力であれ新規に創造される購買力であれ、自由な購買力の全供給はことごとく彼のもとに集中しているのがつねであるから、彼はいわば私的資本家たちにとって代わり、彼らの権利を剝奪するのであって、いまや彼自身が唯一の資本家となるのである。彼は新結合を遂行しようとするものと生産手段の所有者との間に立っている。社会的経済過程が強権的命令によって導かれていない場合にのみいえることであるが、彼は本質的に発展の一つの現象である。彼は新結合の遂行を可能にし、いわば国民経済の名において新結合を遂行する全権能を与えるのである。彼は交換経済の監督者である。」（Schumpeter〔1926〕）

森嶋通夫（1923-2004）は、シュンペーターの企業家を「正操縦士」、銀行家を「副操縦士」にたとえたが、言い得て妙である（森嶋〔1994〕）。企業家はシュンペーターが高く評価したワルラスにも登場したが、銀行家は存在しなかったことに留意する必要がある。シュンペーターは、経済発展における信用創造の役割に注目し、それをモデルのなかに組み込もうとした最も初期の理論家のひとりであった。

さて、すでに第一章で触れたように、ワルラスの一般均衡状態では企業家は利益も得なければ損失も被らない存在だったが、同じように、シュンペーターの静態の世界でも、「単なる業主」は利益も得なければ損失も被らない。だが、企業者が颯爽と登場し、銀行家による資金援助を受けてイノベーションに成功すると、労働者にも地主にも帰属しない新たな所得、すなわち「企業者利潤」が発生する。シュンペーターの理論では、企業者利潤は発展においてのみ発生するという意味で、「動態利潤説」と呼ばれている。さらに、企業家がイノベーションに成功して獲得した利潤の中から銀行家への利子が支払われるのだから、利子もまた動態的現象だということができる。

いつの時代でも、新しい可能性を他人に先駆けて発見し、それをイノベーションの遂行にまでもっていける企業家はごく一握りに過ぎない。だが、彼らのような少数の先駆者がいったん道を切り開いてくれるならば、それを模倣する者がより容易にイノベーションを遂行することができるようになるだろう。かくして、模倣者たちが群生し、それがイノベーションの群生につながり、その力が経済を「好況」へと導いていく。

だが、好況も永遠に続くことはない。やがてイノベーションの成果として新しい財貨が市場に大量に出回り、需給関係から諸価格が低下するだろう。また、企業家は銀行家への債務の返済を始めるので、それも諸価格の低下に拍車をかける。このような現象は、経済体系がイノベーションによって創造された新事態に適応しつつあるときに見られるが、これがまさに「不況」に他ならない。この過程は、経済体系の適応が完了し、再び静態の世界に戻るまで続くだろう。ただし、静態の世界に戻るといっても、新しい静態は発展の成果が実質所得の増加という形で消費者に手渡されているので、古い静態とは区別されることに留意しなければならない。

以上が『経済発展の理論』の基本モデルである。何度も繰り返すように、シュンペーターは、イノベーションを遂行する企業家と、そのための資金を提供する唯一の資本家としての銀行家を峻別した。両者は、森嶋氏が表現したように、「正操縦士」と「副操縦士」のような関係だが、役割分担が全く異なるので、企業家機能のなかに資本家が担当する仕事が混入することはあり得ない。企業家はイノベーションを遂行することのみが仕事であり、それが失敗したときの危険負担はすべて資本家としての銀行家のみに降りかかるのである。シュンペーターは、次のように指摘している。

「現代の経済学者の多くの者もまた危険負担を企業家職能のなかに含めているから、この考え方に対してただちに反対を表明しておくのが機を得ているであろう。企業家の機能が資本家の機能と別個のものであることが認識されるやいなや、企業家が自分の資本を企業に投じて失敗した場合には、彼は企業家としてではなく資本家として損失を蒙ったのであることがはっきりしていなければならない。企業家が一定の利子率で借金をするとき、資本家はその企業の成否いかんにかかわらず、元金の返却を受け利子を得るべき資格を持つのであるから、企業家こそが危険を負担するものだと言われてきている。しかしこれこそ経済的側面と法律的側面との、きわめて普通に見られる混同の典型的な一例である。もしも借金をした企業家がこれを返却するのに自分自身の金《かね》を持っていないのなら、資本家の持つ法律的権利のいかんにかかわらず、損失を蒙るのは明らかに貸付をした資本家である。もし借金をした企業家が負債を完済しうるだけの金を持っているのなら、彼もまた資本家であって、事業に失敗した場合には、その損失はここでも企業家としてではなくて、資本家としての彼の上に降りかかるのである。」（Schumpeter〔1954〕）

シュンペーターの見方は現実的ではないという批判はあるだろうし、過去にもあった。だが、シュンペーターにとっては、企業家の「機能」を資本家のそれから独立させることによって概念的に両者を峻別し、動態において真に革新的な仕事をするのは誰なのかを確定することが重要であった。なるほど、唯一の資本家としての銀行家はイノベーションの遂行に資金を提供するけれども、そもそも経済の分野で新しい可能性に気づき、イノベーションを遂行しようとする企業家が現れなければ、シュンペーターのストーリーは始まらないのである。主役はあくまで企業家であることを忘れてはならない。

企業家に必要な能力とはなにか

さて、これまで天賦の才能に恵まれたごく一握りの人物が企業家となるというような表現をしてきたが、シュンペーターは、具体的に、企業家にはどのような能力が必要であり、またどのような動機づけから行動すると考えていたのだろうか。きわめて重要なポイントなので、丁寧に見ていこう。

シュンペーターは、『経済発展の理論』のなかで、企業家機能を経済の場で発揮される「指導者」機能のひとつとして捉えている。静態の世界から動態の世界へと飛躍するとは、

「活動の量を増大する」ことから「活動の種類を変える」ことへの変化になぞらえられるが、そのために企業家に要求される能力の第一は「洞察力」である。

「一定の戦略的位置にある場合、ある軍事行動をとるために必要な条件が欠けていても、そのまま行動を開始しなければならないのと同じように、経済生活においても起こるべき事態が詳細に知られていなくても、行動を始めなければならない。ここでは成果はすべて「洞察」にかかっている。それは事態がまだ確立されていない瞬間においてすら、その後明らかとなるような仕方で事態を見通す能力であり、人々が行動の基準となる根本原則についてなんの成算ももちえない場合においてすら、またまさにそのような場合においてこそ、本質的なものを確実に把握し、非本質的なものをまったく除外するような仕方で事態を見通す能力である。」（Schumpeter〔1926〕）

第一は企業家が取り組む課題に関わるものだったが、シュンペーターは、第二に企業家に求められる態度について触れている。一言でいえば、「意志」を新しい方向に働かせる能力である。

「慣行の軌道が不適切なものになったり、もっと適切な新しいものがそれ自体まったく特別な困難を示さない場合においてすら、人々の考えは再び慣行の軌道に立ち返ってくるのである。固定的な思考習慣の本質や、それが労力を省くことによって生活を促進する作用は、その習慣が潜在意識になっていて、結論を自動的に導き、批判に対しても、個々の事実の矛盾に対しても保障されているという事実に基づいている。思考習慣はこのような働きをするのであって、その最後の弔鐘が鳴ったあとでも依然としてそうであり、そのときには障害物と化すのである。経済活動の世界においても同様である。新しいことをおこなおうとする人の胸中においてすら、慣行軌道の諸要素が浮かび上がり、成立しつつある計画に反対する証拠を並べ立てるのである。意志を新しく働かし、その方向を変えることは次のような事情によって必要となる。日常の仕事と配慮の中から、すでにその中に含まれているもののほかに、新結合の立案と完成のために必要な余地と時間を搾り出すためには、また新結合を単なる夢や遊戯ではなく、実際に可能なものとみなしうるようにするためには、意志の新しい違った使い方が必要となってくる。このような精神的自由は、日常的必要をこえる大きな力の余剰を前提としており、それは独特なものであり、その性質上稀な

ものである。」（Schumpeter〔1926〕）

第三は、新しい可能性に賭けて挑戦しようとする人たちに向けられる「社会環境の抵抗」を克服することである。

「この抵抗を克服することは、つねに、生活の慣行軌道には存在しない特別な種類の課題であり、また特別な種類の行動を必要とする課題でもある。経済問題の場合には、この抵抗は、まず新しいものによって脅かされる集団から始められ、次に一般世人の側から必要な協力をうることの困難の中に現われ、最後に消費者を惹きつけることの困難の中に現われる。これらの要因は、今日のような疾風的発展の時代においてわれわれが新しいものの出現や遂行に慣れているときでも、依然として作用しているけれども、これらを最もよく研究することができるのは資本主義の初期段階についてである。」（Schumpeter〔1926〕）

シュンペーターが企業家に要求した三つの才能すべてを真の意味で具《そな》えている人物はごく一握りの天才に限られるかもしれないが、静態の世界の「慣行」を打ち破り、動態の世界へと飛翔するには特別な才能が必要であり、企業家はこの常ならぬ仕事を遂行するためにのみ颯爽と登場し、その仕事が終われば忽然と消えていくのである。

企業家がつねに存在するのではなく、新しい可能性を実現するためにのみ現れるという視点は強調しておく必要があるだろう。シュンペーターは、「新しい可能性に対して、しかも新しい可能性に対してのみ、特殊な指導者課題が成立し、指導者類型が出現する。……われわれが上述した三点は、指導者機能の性質を特徴づけるばかりでなく、一つの類型を構成する指導者態度の性質をも特徴づけるものである」（Schumpeter〔1926〕）と注意を喚起している。

企業家の動機づけとはなにか

企業家に要求される能力の次にシュンペーターが論じているのが、企業家の動機づけの問題である。ここでは、企業家は利潤を最大化する経済主体であるというのは答えにならない。なるほど、静態的な均衡理論の枠組みで考えれば、「利潤最大化」という答えでも正解になるかもしれないが、シュンペーターは静態の世界を打ち破り、動態の世界を切り開く企業家を問題にしているのだから、経済学の教科書のようにはいかない。

彼が企業家の動機づけについて挙げるのは、第一に「私的帝国」や「自己の王朝」を創ろうとする「夢想」や「意志」であり、第二は「勝利者意志」であり、そして第三は「創造の喜び」である（Schumpeter〔1926〕）。これらの動機は、どれも「経済合理性」だけでは理解できないものばかりである。とくに、シュンペーターが第三の動機について語っていることは、わが国の高度成長の時代、食事をとるのも時間が経つのも忘れてイノベーションの遂行のために悪戦苦闘した企業家たちの姿を懐古させるのではないだろうか。

「……これはたしかに他の場合にも現われるが、この場合にのみ行動の原理を定めるのである。これは一方では行為そのものに対する喜びである。「単なる業主」が一日の労働を辛うじて終えるのに対し、われわれの類型はつねに余力をもって他の活動領域と同じように経済的戦場を選び、変化と冒険とまさに困難そのもののために、経済に変化を与え、経済の中に猪突猛進する。他方では、それはとくに仕事に対する喜び、新しい創造そのものに対する喜びである。それがそれ自体独立した喜びであるか、行為に対する喜びと不可分のものであるかは問題ではない。この場合にも、財貨獲得の「意味」を構成する根拠から、またこの根拠の法則にしたがって財貨が獲得されるのではない。」（Schumpeter

〔1926〕)

シュンペーターの英雄的な企業家像はまことにユニークなものだが、無から有は生じないという意味で、もちろん、過去や同時代の著名な思想家たちの影響が多少ともみられると考えるほうが自然である。実際、研究史をひもとくと、四半世紀も前から、シュンペーターの企業家像のなかに、十九世紀末に思想界に大きな影響を与えたフリードリヒ・ニーチェ（1844-1900）の「超人」が投影されているという研究があったし（Santarelli and Pesciarelli〔1990〕)、それを踏襲するかのように、森嶋通夫氏が次のような見解を述べていた。

「ワルラス流の完全競争の市場経済では、数多くの無名のプレイヤーの目立たない日常行動の集積によって経済が運営されている。それはマルクス的な無名主義や大衆主義の世界である。これに反しシュンペーターの資本主義社会は、ただ者ならぬ企業者と銀行家が経済を引っ張っていくニーチェ的な英雄主義の世界である。彼らは革新を行なって、古い世界を打破し、今までと全く違う物質世界をつくることにより新文化を形成する。資本主義社会は旧軌道から不安定的に遠ざかり、全く新しい世界に至る。」（森嶋〔1994〕）

たしかに、シュンペーターも、「権力への意志」という言葉を使ったことがあるので（Schumpeter〔1908〕）、ニーチェの思想から多少なりとも学んだことは十分に予想される。だが、哲学に深入りすることは本書の範囲を超えるので、ここでは、シュンペーターの同時代人のなかから比較の対象になり得る人物を取り上げてみよう。

私の念頭にあるのは社会学者のマックス・ウェーバー（1864-1920）だが、研究史をひもとくと、ウェーバーの思想がシュンペーターの企業家像に影響を与えたと論じた文献は、半世紀以上も前からあることに気づく（Carlin〔1956〕、吉田〔1974〕）。それは、おそらく、シュンペーターの企業家の動機づけを読むと、ウェーバーの「カリスマ的指導者」を彷彿とさせるからだろう。ウェーバーは日本ではとくに人気の高い社会学者だけになおさらその傾向が強いと思われる。

カリスマ的指導者は、ウェーバーの社会学では、伝統的支配の停滞性を打破する者として登場するが、留意すべきは、ウェーバーが伝統的支配を打破する力としてカリスマ的指導者の他に「官僚制的合理化」を挙げ、その二つを対比しながら論じていることである（吉田〔1974〕）。これは何も新しい指摘ではないが、経済学者は官僚制を企業家精神の発揮には不都合な制度として捉えやすいので注意が必要である（シュンペーターもマーシャルも、この点では同じ見解である）。

「官僚制的合理化も、すでに見たごとく、伝統に対する第一級の革命的力たりうるし、また事実しばしばそうであった。しかし、それは、原則としては――すべて経済の変革がそのように作用するように――「外部から」、技術的手段によってまず事物や秩序を革命し、次いで人間を革命する。すなわち、人間に対する革命は、外界に対する人間の適応能力を変化させ、場合によっては、合理的な目的と手段との設定によって、人間の適応能力を高める、という意味においておこなわれるのである。

これに反して、カリスマの力は、啓示や英雄に対する信仰、一つの宣示《マニフェスタツイオーン》――これが宗教的・倫理的・芸術的・学問的・政治的その他いかなる種類の宣示であれ――の意義と価値とに対する情緒的な確信、英雄性《ヘンデントウーム》――禁欲の英雄性・戦争の英雄性・裁判官的叡知の英雄性・呪術的施恵《ベグナードウング》の英雄性その他いかなる種類の英雄性であれ――にもとづいている。この信仰は、人間を「内部から」革命し、事物や秩序をその革命的意欲にしたがって形成せんとするものである。」（Weber〔1956〕）

「すでに上に見たごとく、合理化なるものは次のような形で進行する。すなわち、広汎な被指導者大衆は、彼らの利益に役立つような外的・技術的な諸成果のみをとり入れ、あるいはかかる諸成果に適応してゆくが（われわれが九九を「覚え《レルネン》」、余りにも多数の法律家が法技術を「覚える」ごとし）、これに反してかかる諸成果の創造者の「理念」内容は、彼らにとってはどうでもよいことなのである。合理化と合理的「秩序」とは「外部から」革命するという命題は、正にこのことを意味している。

これに反して、カリスマは、そもそもそれがその特有の影響力を発揮する限り、逆に、内部から、被支配者の意識の中枢的「心情変化」“metanoia”から、その革命的力をを示現する。官僚制的秩序は、単に、常にかくありしものの神聖性に対する信仰、つまり伝統の諸規範を、合目的的に制定された諸規則と、知識——これらの諸規則は、ひとびとにその力があれば、他の合目的的な規則によって代替しうるものであり、したがって「神聖なるもの」ではないという知識——とへの服従心によって置き代えるにすぎない。これに反して、カリスマは、その最高の現象形態においては、およそ規則や伝統一般を破砕し、一切の神聖性概念を端的に覆滅する。それは、古来慣行的なるもの、したがって神聖化せられたるもの、に対するピエテートの代わりに、いまだかつて存在せざりしもの、絶対的に無類なるもの、したがって神的なるもの、に対する内面的服従を強制する。それは、この純経験的な・没価値的な意味において、確かに歴史のすぐれて「創造的」・革命的な力なのである。」（Weber〔1956〕）

私は、シュンペーターの企業家像がウェーバーの「カリスマ的指導者」と多少とも類似している面があることを否定するつもりはない。だが、ウェーバーの比較宗教社会学の構想がいくら壮大なものであろうと、彼はあくまで社会学者であって、資本主義体制の運動メカニズムを解明する経済理論の中枢に企業家をもってきたシュンペーターとは、関心の対象が根本的に異なると思う。換言すれば、シュンペーターの企業家像にどれほど他人の哲学や思想の痕跡が認められようと、企業家の役割は静態の世界においてイノベーションを遂行することによって動態の世界を始動させ、好況や不況という景気の回転を経て経済発展を実現していくことなのである。彼を経済理論家として評価する立場からは、企業家像の類似性だけからの比較論はあまり生産的ではないように思われる。*

＊ もちろん、思想史研究において、シュンペーターの企業家論の源泉や特定の思想の影響などを論じるのが無駄だと言っているわけではない。最近の研究では、ヴェルナー・ゾンバルト（1863-1941）の企業家論とシュンペーターのそれとを比較した奥山〔2005〕が示唆に富む。だが、経済理論家としてのシュンペーターの関心が、企業家を軸にした資本主義のメカニズムを歴史的ではなく理論的に解明することだったことをつねに念頭に置いておくべきだと言っているに過ぎない。

組織を重視したマーシャルの企業家

ところで、第一章でシュンペーターがマーシャルの企業家論を批判していたことに触れたが、マーシャルに対して公正を期すためにも、彼の考え方をもう少し敷衍《ふえん》しておきたい。

企業家は、シュンペーターの理論では、イノベーションの成功によって利潤をわが物にするが、マーシャルの考えでは、利潤は企業家個人の報酬というよりは、「準地代」の性格をもっているという。準地代とは何か。マーシャルは、地代との相違点と類似点を挙げながら、次のように説明している。

「古い国においては、土地は近似的に（ある意味では絶対的に）永久的で固定的な存在量であるのに対して、人間の造った設備は、土地の改良であれ、建物であれ、機械等々であれ、それらが生産を助ける生産物の有効需要の変化にしたがって増減できる流量であるために、両者の間には非類似性が存在する。ここまでは非類似性が見られる。しかし他方において、次のような類似性が存在する。すなわち、それらの設備は急速に生産することができないために、短期的には固定した存在量であって、これらの期間内においては、それから得られる所得は、それによって生産される生産物の価値に対して、真の地代が持っているのと同一の関係を持っているのである。」（Marshall〔1920〕）

つまり、土地の量が固定しているために生産性の高い優等な土地に地代が発生するように、企業家の生産設備も短期的には固定しているので、市場状況が有利なときは費用との関連は薄く、地代と類似の所得を発生させるというのだ。

だが、企業家の利潤が準地代の性格をもつというだけでは正確ではない。マーシャルは、とても興味深いことに、「企業家自身の観点から見れば、成功した企業の稼得は、第一には彼自身の才能、第二には彼の設備およびその他の物的な資本、そして第三には彼の顧客関係ないしは企業組織および企業関係の稼得の総計である。しかし実際にはそれらの合計以上のものである。なぜなら、彼の能率は、彼が当該の特定の企業に従事していることに一部依存するからである」（Marshall〔1920〕）と述べている。ここでマーシャルが企業組織や企業関係に触れているのは、のちに触れるように、きわめて現代的な響きをもっている。彼が企業の利益を単に準地代という言葉で説明することに満足せず、さらに「合成準地代」という言葉を持ち出したのも企業関係や企業組織の役割を正しく理解したからだろう。

「実際、若干の場合には、また若干の目的のためには、企業のほとんど全所得を準地代と見なしてよいであろう。すなわち企業に従事するもろもろの人と物を、それぞれの仕事に準備するために必要とした費用とは、しばらくの間は無関係に、商品に対する市場の状態によって決定される所得と見なすのである。他の言葉で言うと、それは、企業に従事するさまざまな人々の間に、慣習と公正の観念によって補完された交渉によって分配される、合成準地代である。——文明の初期の形態において、土地から生ずる生産者余剰を、単一の個人ではなく、耕作集団の手にほとんど永続的に帰属するようにした原因に、幾分類似した原因によってもたらされる結果である。そのようにして、企業における主要職員は人間と事物に対する知識を蓄えており、ある場合にはその利用を競争企業に高い価格で売ることもできる。しかし、他の場合には、彼が働いている企業を除いては、何の役にも立たない種類のものである。そして、そのような場合でさえ、彼がその企業から退く時には、おそらくは、彼の俸給の価値の数倍もの損失を企業に与えるであろう。他方で、彼は彼の俸給の半分も他の場所で得ることができないであろう。」（Marshall〔1920〕）

マーシャルの企業家論を高く評価する池本正純《まさずみ》（専修大学教授）は、シュンペーターの企業家像と対比しながら、次のような的確な論評を加えている。「シュンペーターでは、利潤機会は一回かぎりの劇的な新結合の遂行によって生じており、しかもその全過程が企業者の個人的業績として論じられる。そこで獲得される利潤はまさにブルジョアジーという階級を分化・確立させるに足るほど独占的であるとされる。それに対しマーシャルでは技術改良の導入は連続的なプロセスとして描かれており、その導入の主体も組織的に拡散している（*Industry and Trade*,chap. 2-4）。企業が得る利潤も、シュンペーターの場合のように独占的でかつ一時的なものとして消滅し去るようなものとしてではなく、組織の力によって地道に築き上げられたものであるがゆえに永続的な性質が現われるとしている。このようにマーシャルにおけるイノベーションの導入にともなう利潤機会というのは、シュンペーターの非連続的（一回かぎり）・個人プレー的という性質に対し、連続的・組織的といった性質が強く出る」（池本〔1984〕）と。

青木昌彦の企業理論

企業組織や企業関係を重視したマーシャルの叙述に敏感に反応した経済理論家が、のちに「比較制度分析」の開拓者となる青木昌彦（1938-2015、京都大学やスタンフォード大学で教授をつとめた）である。青木氏は、マーシャルがまさに「合成準地代」という概念を説明した文章にヒントを得て、『現代の企業』（一九八四年）の構想を練った。その証拠に、その本の第一章には、「本書の主要な目的は、マーシャルが言及しているところの「交渉」、および「習慣」と「公正性」の性質を定式化し、企業行動にたいするそのインパクトをあきらかにすることである。会社企業の市場行動は、変動する環境的・内的条件にたいして株主と従業員とのあいだの組織的な均衡、ないしは組織的ホメオスタシス、を維持するための反応として理解されることになろう」（青木〔1984〕）とある。

青木氏の関心は企業家論にはないので「経営者」という言葉が多用されるが、その経営者が企業の株主と従業員との間の「調停者」としてふるまうことを、「協調ゲーム理論」を駆使しながらモデルを組み立てていく手さばきは見事なものである。青木モデルでは、新古典派企業理論と労働者管理の企業理論は二つの特殊ケースであり、現実の企業はこの二つの極限状態の中間に位置づけられるが、このモデルが、奇しくも、いわゆる「日本的経営」が内外で高く評価されている時期に提示されているのはまことに興味深い。

「経営者の取りあつかいについては、特別のコメントが必要である。現実の世界において経営者は、株主あるいは俸給経営者としてまたはその双方として生活の糧をえ、金銭的ないし他の個人的動機をもっているであろう。しかしながら本書は、経営者のこのような個人的側面を捨象し、経営者の本質的な機能を、協調ゲームの解を見いだすことに共通の利益を有する株主集団と従業員たちのあいだの調停者のそれとして概念化する。ことばをかえていうと、これから展開する寓話においては、経営者の一側面は協調ゲームの「レフェ

リー」として特徴づけられる。」（青木〔1984〕）

ただし、青木氏は、「調停者」としての経営者が、マーシャルの企業家とどの程度重なり合うかには関心をもっていなかっただろう。実際、この本には、マーシャルの名前は一、二度しか登場しないし、経済理論家としての仕事は、マーシャルの文章にヒントを得て、現代の主流派である新古典派企業理論に対して反省を迫るモデルを提示できれば、それで十分だからである。しかし、たとえ青木氏の問題意識やモデルの抽象度が違おうとも、マーシャル的な発想から現代企業理論が展開されている事実の重みは決して軽くはない。思想は古くとも、新たな光に照らしてそれが何度でも甦る一例だからだ。

企業家機能の無用化？

さて、マーシャルの企業家論との比較でシュンペーターの英雄的企業家像の特徴もさらに浮かび上がってきた。ところが、逆説的なことに、晩年のシュンペーターは、企業家機能が資本主義の競争的な段階からトラスト化された段階へと発展するにつれて次第に無用になっていくと悲観的に考えるようになった。なぜだろうか。

シュンペーターが一九一〇年代初めに『経済発展の理論』を執筆しつつあったとき、彼の念頭にあった理想的な企業家像は、事実上、十九世紀末の企業家たちの投影であったといっても過言ではない。その頃は、優れた企業家が個人としてイノベーションを遂行し、それに成功したとき莫大な利潤を稼ぐといっても現実から遠く離れることはなかっただろう。だが、トラスト化された資本主義では、イノベーションは、ひとりの天才というよりは「一群の専門家」によって「日常的業務」のごとく遂行されるようになる。シュンペーターは、「資本主義初期の商業的冒険のロマンスは、いまや急速に昔日の光彩を失いつつある」（Schumpeter〔1950〕）という。

天才的企業家の個人プレーの時代が過ぎて、たとえ「一群の専門家」によってイノベーションが遂行されるようになっても、シュンペーターが予想するように、経済発展が「非人格化され自動化される傾きがある」とか、「官庁や委員会の仕事が個人の活動にとって代わろうとする傾向がある」とか、本当に言えるかどうかはわからない（Schumpeter〔1950〕）。だが、ヘンリー・フォード（1863-1947）のT型フォードをイノベーションの典型例に使っていた彼にとって、トラスト化された資本主義では、一人の天才が自動車産業を革命化するような「資本主義初期の商業的冒険のロマンス」は永久に去ってしまったように思えたに違いない。それゆえ、多少誇張され過ぎているとはいえ、失われてしまった日々への郷愁の念とともに次のような文章を綴ったのだろう。

「昔は――大雑把にいってナポレオン戦争までとその最中は――将軍たることは指導者たることを意味し、成功とは司令官の個人的成功を意味した。そして彼は社会的名声という形でそれに照応する「利得」を得た。戦闘の手法や軍隊の構造がかくのごときものであったから、指揮官の個人的果断と操兵力――きらびやかな馬にうちまたがって戦場にその雄姿を現わすといったことさえ――が戦略的・兵学的事態における本質的な要素をなしていた。ナポレオンここにあり、ということは戦場においてじかに感じられたし、また感じさせねばならぬことであった。しかしもはやそうではなくなった。合理化され専門化された事務所の仕事がついには個性を抹殺し、結果の計量可能性がついには「夢《ヴイジョン》」を抹殺し去るであろう。指揮官にはもはや乱闘のなかにおどり込むような機会はめぐってこない。彼はまさにもう一人の事務員――しかも取り替えることの必ずしも難しくない一人――になりつつある。」（Schumpeter〔1950〕）

シュンペーターの企業家は、イノベーションを遂行しなくなったとたんに企業家としての資格を失うから、ひとつの「階層」をなしているとは言えない。だが、企業家が経済的・社会的に成功した暁にブルジョア階層に入り込むことは珍しくない。「ブルジョアジーは企業者に依存し、階級としては企業者と生死をともにする」(Schumpeter〔1950〕)というのは、その意味である。それゆえ、企業家機能の無用化は、やがてブルジョア階級の息の根も止めてしまうだろう。

「われわれの議論のこの部分を要約すればこうである。すなわち、もし資本主義発展――「進歩」――が停止するか、まったく自動的になるかすれば、産業ブルジョアジーの経済的基礎は、ついには、しばらくは余命を保つと思われる準地代の残存物や独占的な利得を除けば、日常的管理の仕事に対して支払われるごとき賃金だけに押しつめられてしまうであろう。資本主義的企業は、ほかならぬ自らの業績によって進歩を自動化させる傾きをもつから、それは自分自身を余計なものにしてしまう――自らの成功の圧迫に耐えかねて粉砕される――傾向をもつとわれわれは結論する。完全に官庁化した巨大な産業単位は中小規模企業を追い出し、その所有者を「収奪」するのみならず、ついには企業者自体をも追い出し、階級としてのブルジョアジーをも収奪するにいたる。そしてその過程においてブルジョア階級は、自己の所得を失うのみならず、それこそもっとも重要なことであるが、その機能をも失うのをいかんともなしがたい。社会主義の真の先導者は、それを説法した知識人や煽動者ではなくて、ヴァンダービィルト（Vanderbilt）、カーネギー（Carnegie）、ロックフェラー（Rockefeller）の一族のごとき人々である。この結論は、あらゆる点においてマルクス主義的社会主義者のお気に召さないものであるかもしれない。いわんやいっそう通俗的な（マルクスならば俗流と呼んだにちがいない）種類の社会主義者にはなおさらであろう。しかし将来の予測に関するかぎりでは、これは彼らのものと違ってはいない。」（Schumpeter〔1950〕）

ただし、シュンペーターの主張が正しかったかどうかは、別問題である。現在でも、トラスト化された資本主義、あるいは独占に近い状態や寡占が支配的な産業において、ごく少数の優れた才能をもつ者が企業家になり、イノベーションの遂行によって大きな成果をあげる例は決して消滅していない。スティーブ・ジョブズのアップル社やビル・ゲイツのマイクロソフト社など、小さな企業から世界的な大企業へと見事に飛躍した例などを挙げれば十分だろう。シュンペーターの予想に反して、英雄的な企業家像は現代でも生きているのである。それゆえ、私たちは、いまだにシュンペーターの著作から多くの示唆やヒントを得ることができるというわけだ。

参考文献

都留重人『近代経済学の群像——人とその学説』（現代教養文庫、一九九三年）
伊東光晴・根井雅弘『シュンペーター——孤高の経済学者』（岩波新書、一九九三年）
根井雅弘『シュンペーター——企業者精神・新結合・創造的破壊とは何か』（講談社、二〇〇一年）
Joseph A. Schumpeter, *Theorie der wirtschaftlichen Entwicklung*, 2. Aufl., 1926.（塩野谷祐一・中山伊知郎・東畑精一訳、『経済発展の理論』上・下、岩波文庫、一九七七年）
森嶋通夫『思想としての近代経済学』（岩波新書、一九九四年）
Joseph A. Schumpeter, *History of Economic Analysis*, 1954.（東畑精一・福岡正夫訳、『経済分析の歴史』全三巻、岩波書店、二〇〇五—〇六年）
Enrico Santarelli and Enzo Pesciarelli, "The Emergence of a Vision: The Development of Schumpeter's Theory of Entrepreneurship," *History of Political Economy*, vol.22, no.4（1990）
Joseph A. Schumpeter, Das Wesen und der Hauptinhalt der theoretischen Nationalökonomie, 1908.

（大野忠男・木村健康・安井琢磨訳『理論経済学の本質と主要内容』上・下、岩波文庫、一九八三—八四年）
Edward A. Carlin, "Schumpeter's Constructed Type-The Entrepreneur," *Kyklos*, vol.9（1956）
吉田昇三『ウェーバーとシュムペーター——歴史家の眼・理論家の眼』（筑摩書房、一九七四年）
Max Weber, *Wirtschaft und Gesellschaft, Grundriss der verstehenden Soziologie*, vierte, neu herausgegebene Auflage,1956.（世良晃志郎訳『支配の社会学２　経済と社会』、第二部第九章、創文社、一九六二年）
奥山誠「ヴェルナー・ゾンバルトの企業家論」（『経済学史研究』第四七巻第一号、二〇〇五年六月）
Alfred Marshall, *Principles of Economics*, eighth edition, 1920.（永澤越郎訳『経済学原理』全四巻、岩波ブックセンター信山社、一九八五年）
池本正純『企業者とはなにか——経済学における企業者像』（有斐閣選書、一九八四年）
青木昌彦『現代の企業——ゲームの理論からみた法と経済』（岩波書店、一九八四年）
Joseph A. Schumpeter, *Capitalism, Socialism and Democracy*, third edition, 1950.（中山伊知郎・東畑精一訳『資本主義・社会主義・民主主義』全三巻、東洋経済新報社、一九六二年）

第三章　ガルブレイスのテクノストラクチュア

マーシャルの叡知

マーシャルの企業家論をみたとき、彼が「組織」のなかの企業家という視点をもっていたことに触れた（Marshall〔1920〕）。彼が生産要因に「労働」「土地」「資本」のほかに「組織」を数えたのは古典派にはない新しさだったが、彼の著作を読むと、驚くほど現代的な叙述に出会うことがある。やや長いが、示唆に富む文章なので、読んでみてほしい。

「ある一つの偉大な着想が、それだけでほぼ自足的であるような段階は過ぎ去っており、当該の産業領域の同一部門または隣接部門ですでに所有されている別の着想と関連させて、仕上げられなければならない。したがって、その応用は一つの行為ではなく、一つの長い過程であって、多くの忍耐と、知能と、おそらくは資力を必要とする。たとえば、新しい工学上の考案が着想された場合に、それを円滑に動く企業用の機械に適用するためには、長い実験段階の連続が必要とされる。機械の単位の規模と複雑さが絶えず増大することによって、そのような実験段階において、以前よりも多くの付随的な問題の考慮がしばしば必要となる。二、三世紀前の単純で小規模な機械の場合には、おそらく数十ポンドないしは数百ポンドで十分であったものが、数百ポンドないしは数千ポンドの費用を必要とするようになる。それゆえに、重鋼部門や巨大な印刷機やその他の機械製造に際立った例が見られるように、大企業を指揮できるだけではなく、新しい発明を正しく評価できる（自らはそれを創造できないまでも）高度の能力を併せ持った才能がないかぎり、手に負えないような大規模な改良が存在する。さらに、いわゆる「化学」工業の大部分と、硝子、石油、火薬その他一般には化学工業と見られていない産業の若干においても、大実業家であって、しかも幾分科学的な才幹を持ち、自らの工場内に実験所を建設するような人々に対して、ドイツやその他の国において、比類のない機会が提供されている。これらの点に関するかぎり、大規模な産業資本の成長は技術進歩を促進する傾向があり、大製造業者が化学およびその他の研究の運営に直接関心を寄せる傾向は、産業家の声望を高める上で有利に作用する。

さらに進歩的な企業は、自らが改良した新型の生産物に対する関心を喚起しなければならないことがしばしば生ずる。たとえば発電設備のように、これらの生産物がきわめて高価であるならば、企業の販売部門はきわめて強力で、企業心に富み、勇敢でなければならない。このような機能を十分に果すことのできる人間は、大商人が持っているような性格や資質を持たなければならない。

最後に、巨大企業の管理首脳者は、数千人にのぼるさまざまな階層の被雇用者を一つの秩序に結合しなければならない。このような秩序は、調和が保たれ、規律が守られなければならないと同時に、被雇用者の持つ個人的な、自発的な企業心を喚起できるようなものでなければならない。そのためには、一軍の指揮者に要求される主要な性格の若干を持たなければならない。彼らは産業の「指揮官」captain ではない。数個連隊を統率する「将軍」general である。」（Marshall〔1923〕）

この文章は、『産業と商業』からの引用である。このような経済の実態を熟知しているのであれば、マーシャルがもっと踏み込んで大企業の経済モデルを『経済学原理』のなかに取り込んでもよかったはずだが、彼はそこに到達することはできなかった。独占や寡占や不完全競争のヒントはマーシャルの幾つかの著作のあちこちに散見される。だが、彼は、競争的価値論から飛躍することはなかった。それゆえ、この章で取り上げるアメリカの経済学者ジョン・ケネス・ガルブレイス（1908-2006）が活躍する舞台が整うのである（根井〔1995〕、伊東〔2016〕）。

「テクノストラクチュア」の登場

ガルブレイスは、「依存効果」（大企業が宣伝や広告などを駆使して消費者の欲望を創り出すという意味で、需要が生産に「依存」していること）という造語で主流派経済学*の消費者主権を批判した名著『ゆたかな社会』（一九五八年）によって異端派経済学者としての世界的な名声を得たが（Galbraith〔1984〕）、「大企業王国」とも呼ぶべき彼の現代資本主義論が初めて提示されたのは、『新しい産業国家』（一九六七年）においてである（Galbraith〔1967〕）。ガルブレイスの企業家像に対応するのは、やはり彼の造語になる「テクノストラクチュア」だが、テクノストラクチュアとは何かに触れる前に、『新しい産業国家』のあらましを紹介しておかなければならない。

＊　ガルブレイスが『新しい産業国家』を書いた頃の主流派とは、サムエルソンに代表される「新古典派総合」に他ならない。これは、ケインズ経済学の「有効需要の原理」に基づいて完全雇用の実現やマクロ経済的諸問題（景気循環や経済成長など）を取り扱うマクロ経済学と、市場機構の働きを基本的に信頼した新古典派のミクロ経済学の「総合」

を掲げた思想である。もっとも、現実には、「総合」というより「妥協」の産物ではあったが、一九六〇年代には経済学界で大きな影響力をふるっていた。

経済学の初歩的な教科書では、「完全競争」の定義から始まるのがふつうである。完全競争市場では、企業の規模も資本も小さいので、市場価格に影響を及ぼすことはできず、「価格受容者」として行動せざるを得ない。完全競争を仮定したモデルは、ワルラスの一般均衡理論以来、数学的に高度に洗練され、現代経済学の共有財産となっていることは、経済学を学んだことのある人には周知の事実だろう。

完全競争の対極にあるのが「独占」であり、独占市場では供給者はひとつの企業しか存在しない。「寡占」とは供給者が少数の企業からなる市場であり、「不完全競争」とは供給者は多数だが、何らかの製品差別化がなされている市場を指す。市場価格に対する支配力は、大きい順に「独占」「寡占」「不完全競争」と並ぶが、これらは、完全競争とは違って、大なり小なり「価格設定者」として振る舞うことができる。

完全競争市場は、現実には、農産物などのごく一部の市場を除いて存在しないが、それにもかかわらず、当時の主流派経済学では、依然として大きな影響力をもっていた。ケネス・J・アローとG・ドブリューによって一般均衡解の存在証明が成し遂げられたのが一九五四年のことだが、もちろん、そのモデルでも完全競争が仮定されていた（Arrow and Debreu〔1954〕）。ガルブレイスが『新しい産業国家』を出版したのは一九六七年だから、その「快挙」からまだ十三年しか経っていない。その頃は、経済理論専攻の大学院生や若い研究者などが位相数学を駆使したアロー＝ドブリューモデルやその応用などを吸収するのに懸命だったといっても過言ではない。

だが、経済の実態を重視するガルブレイスは、アメリカ経済がごく一部の例外的な部門を除いて大企業が大きな影響力をふるう「計画化体制」になっていることを巧みな文章で描き出そうとする（競争モデルが当てはまるようなごく一部の例外的な部門は、のちに「市場体制」と呼ばれるようになった）。大企業が「計画化」を意図するのはなぜかといえば、資本や時間を長期にわたって投入したあとにようやく完成した製品が、市場で大量に売れ残るようなリスクを回避したいからである。

「計画化」のための戦略としては、「管理価格」「消費者需要の操作」「内部金融化」などが挙げられる。留意すべきは、このような「計画化」の担い手が、資本家でもなく単なる経営者でもなく、個人というよりは大企業内部の「専門家集団」であるということだ。ガルブレイスは、この「専門家集団」を独自の造語で「テクノストラクチュア」と呼んでいる。その台頭は、支配力の源泉が時代とともに土地から資本、資本から組織へと移行してきた事実に対応している。土地が支配力をもったのは封建主義の時代、資本が支配力をふるったのは産業資本主義の時代、そして組織が支配力をもっているのが、現代の「計画化体制」の時代だというのである。

「過去において、企業組織の指導部は、企業家、すなわち、資本の所有または統御を他の生産諸要素を組織する能力に結びつけ、そしてさらには大部分の場合、新機軸導入の能力にも結びつけた個人と同一視された。現代法人企業の勃興、現代の技術および計画化により必要とされる組織の出現、ならびに資本所有者の企業統制力からの分離に伴って、地歩の確立した産業会社では、企業家はもはや個人としては存在していない。経済学の教科書を除けば、日常の会話でもかかる変化は認められている。すなわち、企業の指導力としては、企業家に代わって経営陣が存在するようになったのだ。これは集団的で、不完全にしか定義できない存在である。大法人企業では、それは会長や社長のほか、重要なスタッフをもつなり部局を担当するなりしている副社長連、その他の主要なスタッフの地位を占めている人々、さらにおそらくは以上には含まれていない部局の長を包括している。しかし、この全部を含めても、それは、集団による決定にたいし関係者として情報を提供する役割を果たしている人々のうちのごく小部分でしかないだろう。これらの情報を提供する役割を果たす人々は非常に多数であって、その範囲は、法人企業の大部分の上級職員から始まり、その外縁では、命令や日常業務に多かれ少なかれ機械的に従う機能をもつ事務および筋肉労働者のところまで拡がっている。それは、集団による決定にたいして専門化した知識、才能あるいは経験を提供するすべての人々を包摂しているのだ。企業を指導する知性、すなわち企業の頭脳をなすのは、この広い範囲の集団であって、経営陣に含まれた小集団ではない。集団によるデシジョン・メーキングに参与するすべての人々、あるいはこれらの人々が形成する組織にたいしては、今までのところ名称が存在していないので、私はこの組織を「テクノストラクチュア」と呼ぶことを提案する。」(Galbraith〔1967〕)

第二章の終わりで触れたように、晩年のシュンペーターにも、企業家機能の担い手が個人としての英雄的企業家というよりは「一群の専門家」に移行しつつあるという認識はあったが、ガルブレイスのテクノストラクチュアのような拡大解釈あるいはデフォルメされた形では表現されていない。もともと、二十世紀も三〇年代に入って、「所有と経営の分離」に注目し、経営者支配の成立を説いたのは、A・A・バーリ（1895-1971）とG・C・ミーンズ（1896-1988）による『近代株式会社と私有財産』（一九三二年）だったが（Berle and Means〔1932〕）、その後も、J・バーナム（1905-87）の『経営者革命』（一九四一年）のような仕事が続き（Burnham〔1941〕）、支配力が株主から経営者のほうに移行したという指摘はよく知られていた。だが、ガルブレイスは、支配力はいまや単なる経営者ではなく、大企業内部の専門家集団としてのテクノストラクチュアに移行したと主張しているのである。

テクノストラクチュアの動機と誘因

では、「集団」としてのテクノストラクチュアは、どのような動機または誘因によって行動しているのだろうか。ガルブレイスは、動機づけを、（1）強制、（2）金銭的報酬、（3）共鳴、（4）適合、の四つに大きく分けている。支配力の源泉との関連でいえば、（1）は土地、（2）は資本、（3）と（4）は組織と結びついている。つまり、「企業家的法人企業」からテクノストラクチュアが実権を握った「成熟した法人企業」への進化に伴い、動機づけや誘因体系も（1）から（4）のほうへ移行してきたというのである。

「自分の目標とひきかえに自発的に組織の目標をすぐれたものとして採用すること、すなわち共鳴と、自分の目標に組織の目標をいっそう近づけるように影響を及ぼそうという期待から組織に参加すること、すなわち適合とは、テクノストラクチュアにおける強い誘因であり、その上層部ではこの力はますます強まってくる。上層部、いわゆる最高経営者層になると金銭的報酬が大きくなるために、このことがぼやかされている。大会社の上級の重役の給料はものすごく多いことがある。何よりも目にみえるものを判断の基準にしようとする人は、動機をこの高い給料と結びつけて考えようとする。

しかし……、成熟した法人企業の上層部において報酬と努力との間に密接な関係がないことほど確実なことは少ない。会社の中心部では報酬は大きな誘因体系の一部分にすぎず、この誘因体系は共鳴と適合にも十分の場を与えるようにできているのだ。」（Galbraith〔1967〕）。

だが、テクノストラクチュアが共鳴する組織の目標とは何だろうか。それは「企業家的法人企業」が大多数を占めた時代の「利潤最大化」ではあり得ない。それは、ガルブレイスによれば、テクノストラクチュアが自分たちの意思決定権力の基礎である自主性を維持するために「最低限の収益」を確保した上で、「売上高で測って、会社の最大可能な成長率を達成することである」(Galbraith〔1967〕)。しかも、「個人」「組織」「社会」の間に共鳴と適合という誘因が浸透していれば、会社成長率を最大化するという目標は、「個人」「組織」「社会」いずれにも適用される「一貫性の原則」によって確立しているという。

ガルブレイスは、かくして、「企業家的法人企業」の時代ははるか昔に去り、いまや「成熟した法人企業」とその実権を掌握したテクノストラクチュアの時代になっていることを、独特の文章で描き出した。

「どんな時代にも、実業界での成功の象徴となるものは、そのときに一般に認められている目標を追求する上での成功を忠実に反映するのが普通である。十九世紀後半における経済制度の最大の国民的英雄はロックフェラー一世であった。当時は企業家的法人企業の時代であった。彼は誰よりも多く金をかせいだから、企業家的な法人企業の目標からみて最大の成功者であった。

現代では、これほどの栄誉を享受している金持は一人もいない。また尊敬が個人に結びつくこともない。テクノストラクチュアというものの性質上、個人は集団の中に沈んでいる。尊敬は会社と結びついている。そして尊敬に値する会社の第一の要件は、安全確実な収益の実績をもっていることである。この要件に落第する会社は皆くだらない会社である。その経営者は目下にみられ、憐みの目でみられさえする。やがては下級の従業員さえも経営者が社会的な尊敬を失ったことに感づき、従業員自身も自尊心を失う。彼らは、最近の鉄道従業員の態度にますます影響を受けているかにみえる形で、だらしなく怒りっぽく振る舞い、世間一般もお客さんも敵だという感じを示す。さもなければ、彼らは離職してしまう。

安全確実な収益を得ているとして、尊敬される企業とは、大企業すなわち成長を達成した実績をもっている企業であるか、またはきわめて急速に成長しつつある企業である。この後者の型の企業が尊敬される度合が高まりつつある。そしてある企業が技術革新の評判を得ていれば、抜け目ない会社としても知られる。その次に挙げられるのが配当の実績である。実生活を解釈するための理論体系がなければ、実生活はほとんどわからない。しかし同時に、理論と呼ばれるもののなかで、実生活において試してみることのできないよう

なものは、まずないといってよいのである。」(Galbraith〔1967〕)

正統派のガルブレイス批判

ガルブレイスの『新しい産業国家』は、公刊当時、学界でも論壇でも大きな論争を巻き起こした。ガルブレイスの筆は、前にも触れたように、かなり現実をデフォルメした形で「計画化体制」を描写していたので、批判が出てきたのは当然ともいえるが、主流派からはかなり感情的な非難めいたものが出たり、ガルブレイスの反応が揶揄を含んだそっけないものだったりしたために、必要以上に混乱を招いてしまった感がある。

主流派の代表であったサムエルソンもガルブレイス批判に加わったが、それは主流派からの批判の「最大公約数」のようなものなので、ここに紹介しておく(サムエルソン〔1972〕)。すなわち、近年における「所有と経営の分離」から出発して、経営者やガルブレイスがテクノストラクチュアと呼ぶ専門家集団が重要な役割を演じるようになった事実に反対する者は少ないだろう。だが、そこからさらに進んで、テクノストラクチュアが「絶対君主」のような地位に就いたと主張するのは論理の飛躍である。テクノストラクチュアは、せいぜい「立憲君主」のような存在に過ぎない。しかも、アメリカでは、現代でも株主の力は決して侮れない。個人株主というよりは「機関投資家」が、つねに株式の配当と価格に配慮するように受託経営層に圧力をかけているからだ。また、テクノストラクチュアの「計画化」が失敗して利潤の低迷が続くようなら、別の資本家グループが「乗っ取り」をしかけてくる可能性もある、と。

ただ、思うに、ガルブレイスは、主流派から右のような批判が出てくることは十分に計算した上で『新しい産業国家』を公刊したのではないか。彼の狙いは、デフォルメされた形での「計画化体制」を印象的に描くことによって、いまだに完全競争モデルに支配されている主流派経済学の現実離れした姿に社会の耳目を向けることにあったのだ。その意味では、ガルブレイスの狙いは十分に成功を収めたと言えるだろう。論争のあと、主流派が企業の内部組織の研究や産業組織論の刷新などの方向に向かったのも、ガルブレイスの問題提起と決して無関係ではないように思われる。

コースの「取引費用」論からの示唆

ところで、『新しい産業国家』の公刊が一九六七年だったという事実をもう一度振り返ってみよう。その頃は世界的にみても高成長の時代だったが、「異端派」ガルブレイスの説とはいえ、大企業の優位性や会社成長率の最大化などは素人にはかえってそれほど違和感なく受けとめられていたのではないだろうか。だが、ガルブレイスの叙述にときにみられた「大きければ大きいほどよい」というのは、経済学的には問題を含んでいる。この点は、一九七〇年代以降に再発見されることになるロナルド・H・コース（1910-2013）の論文「企業の本質」（一九三七年）の考え方を援用すればわかりやすく説明することができる（Coase〔1988〕）。

経済学の文献には「企業」という言葉が頻出するが、なぜ企業が存在し、またなにが企業の数を決定するのかという問題を突き詰めて考えた経済学者はほとんどいなかった。コースは、この問題を次のように考えた。企業が設立されるおもな理由は、価格メカニズムを利用するためには、「模索と情報」「交渉と意思決定」「監視と強制」などの費用がかかるからであると。この費用は、のちに「取引費用」と呼ばれるようになる。

いま、市場でおこなわれてきた取引を組織化することが、すなわち、「企業」を設立することの意味であると考えよう。その場合、企業を設立する場合の費用が、市場を通じて取引をおこなう場合の費用よりも少なければ、市場よりも企業が選択されるだろう。また、企業の規模の限界は、取引を組織化する場合の費用と、それを市場を通じておこなう場合の費用が等しくなるところに画されるだろう。それゆえ、企業の規模が大きければ大きいほどよいというような素朴な考えは退けられる。

コースは、こうして、取引費用を経済分析に導入することによって、「市場」と「企業」という代替的な制度的様式の間の選択を考察する「比較制度分析」への道を切り開いたのである。*

＊　コースの流れをくむO・E・ウィリアムソンなどを「新制度学派」と呼ぶことがあるが、もともとの「制度学派」（コースなどと区別するために「旧制度学派」とも呼ばれる）は、ソースタイン・ヴェブレンの「進化論的経済学」に始まり、J・R・コモンズの「集団行動の経済学」などを経てガルブレイスに至るまでの異端派経済学を指す言葉である。制度派経済学者のガルブレイスが、意味が違うとはいえ、同じ「制度派」経済学者のコースの考え方によって批判されるところが非常に興味深い。

さて、ガルブレイスによれば、「計画化体制」の実権を握ったのはテクノストラクチュアであり、個人としての企業家が活躍するような時代は、はるか昔に去ったのであった。

しかも、テクノストラクチュアは国家とも密接な関係を構築することによって、大企業と国家が一体となった管理社会を創り上げることに成功した。例えば、いわゆる「軍産複合体」では、巨額な国防予算が「計画化体制」の必要に対する適応として捻出されたと捉えられる。ガルブレイスの「新しい産業国家」は、このよう管理社会の出現によって完成するのである。

「企業家としての国家」

だが、ガルブレイスは、「計画化体制」の影響力が国家の政策決定にまで及んでいることには触れているが、逆に、国家自身が企業家となる可能性についてはあまり考えていないように思われる。実は、以前から、これは「可能性」というよりは、「実態」としてよく知られている。最近評判になった本を例に挙げるが、マリアナ・マッツカート（サセックス大学教授）は、『企業家としての国家』（二〇一三年）のなかで、例えば、「アップル社がコンピューター販売を行っていた初期の慎ましい企業から世界的な情報通信企業に上り詰めた背景には、同社がアメリカ政府と軍が資金を出して開発したデザインと技術工学を完璧に習得したことがある」と主張している（Mazzucato〔2013〕）。アップル社はわかりやすい例だが、マッツカートは、現代では、巨額な初期投資を必要とするような先端産業において、あえてリスクを覚悟で飛び込んでいくような民間の企業家はほとんどいないと考えているようである。

「アップル社の成功は、自社で投資して開発した新技術によるものではない。国家が育てた先端技術という果実をうまく統合して、市場に出し、売りさばく能力があったからこそ、スティーブ・ジョブズの言う「常識外れ」がうまくいったのである。これに対して、国が持っている柔軟性は非常に重要な財産で、ターゲットを絞って不確実な技術に、常識外れに見える投資を行うことも可能である。核戦争が起きた場合に、コミュニケーション能力を維持する目的で開発された技術が、世界中で情報通信ビジネスとして広がるなんて、当時誰が想像しただろうか。インターネットに貴重な税金を何千億円も投資するという「常識外れ」な行為が、将来、巨大なビジネスを生むことになるなどと誰が認識できただろうか。」（Mazzucato〔2013〕）

マッツカートは、「企業家としての国家」を語るだけではもちろん不十分で、「事実に基づいた現実的な視点」から、三つのことを提案している（Mazzucato〔2013〕）。第一は、「まず政府機関を見渡して、長期成長戦略に取り組むのに適していて、必然的に伴う失敗を受け止める力のある組織を見極めること」。第二に、「国家に不確実性の高い領域に挑戦することを望むならば、結果的に……成功した場合には、成功報酬を受け取るのは当然のことだと考える」べきこと。そして、第三に、「国家の役割は、単に民間セクターのリスクを減らして、市場の失敗の後始末をすることではなく、高いリスクと困難を伴う分野に積極的に、勇敢に出て行くことだということを政策立案者に対して明確に示すこと」である。

マッツカートの提案は、ケインズの「投資の社会化」構想を政府による積極的な産業政策と解釈したポスト・ケインジアン、ニコラス・カルドア（1908–86）の見解と類似しているように思われる（Kaldor〔1989〕）。すなわち、投資の社会化とは、社会主義化のことではなく、（1）高度の輸出潜在力や技術的潜在力をもつ産業の意図的な奨励、（2）民間投資の積極的な指導と誘導、（3）行政指導、を指しているというのだ。これはケインズ解釈の通説ではないが、イギリスの「産業的主導権」に対する関心はマーシャルからケインズへと受け継がれたものであり、ポスト・ケインジアンの世代に突如出てきたのではない。それゆえ、イギリスで教鞭をとるマッツカートから、右のような提案が出てきても不思議ではない。

「現代は国家の役割が矮小化されている時代である。公共サービスは外部委託され、予算は削減される。勇断ではなく恐怖が、多くの国家政策を決定する。こうした国家政策の変更は、市場競争と市場のダイナミズムを強化するという名のもとに行われている。本書（『企業家としての国家』）は、経済における国家の役割、我々の国家に対するイメージ、考え方を変えるための意見公開の書である。このことを理解して初めて、我々だけでなく我々の子供たちも住んでいたいと思えるような社会を築くことが可能になる。

国家は、国家に対する誤った神話から抜け出して、使命感を持ち、ダイナミックに機能するように組織体制を固めれば、月へ人を送り、気候変動を解決するなどの困難な仕事を達成できると自覚して、そのような社会を築くことに臨む必要がある。また、ビジョンだけでなく、明確な政策を通して、賢いだけでなく包括的でもある経済成長は、国家の投資によって得られるのだという主張を貫くことも必要である。」（Mazzucato〔2013〕、（　）は引用者）

「新しい金融国家」への変貌と市場原理主義の台頭

ところで、ガルブレイスが描いたような「新しい産業国家」は、伊東光晴氏が指摘したように、一九七〇年代から八〇年代にかけてのアメリカやイギリスの製造業の衰退と「比較優位」のある金融業の台頭を反映して、次第に「新しい金融国家」へと道を譲っていく。「金融国家では、株価上昇によって株主に利益をもたらした成功報酬として、産業国家の経営者よりも、はるかに多額の報酬を得ている。八〇年代以後アメリカで所得の不平等がいっそう進んだ理由のひとつである」（伊東〔2016〕）と。

そして、「新しい金融国家」のもとで影響力を強めたのが「新自由主義」をさらに極端にしたようなイデオロギーとしての「市場原理主義」であり、一九八九年のベルリンの壁の崩壊がそれをさらに普及させていった（根井〔2009〕）。「イデオロギー」としての市場原理主義と強調したのは、アメリカ経済の実態も決して「小さな政府」ではなく、マッツカートが指摘したような、国家による「産業政策」と呼べるものが重要な役割を演じているからである。そして、株主の力はさらに強くなり、「株式会社は株主のもの」という考えを社会全体に広めていった。アメリカ流のコーポレート・ガバナンスを次第に採り入れてきた日本でも、そのような流れが確実に浸透しつつある。テクノストラクチュアが大企業の実権を掌握したというガルブレイスの五十年ほど前の問題提起は、いまの現実とはかみ合わなくなったように思える。むしろガルブレイスの論敵だったミルトン・フリードマン（1912-2006）の言葉のほうが影響力を増している。

「法人企業はそれを所有している株主の道具である。もし法人企業が寄付をするならば、それは個々の株主が自分の資金をどのように処分すべきかを自分自身で決定する自由を妨げることになる。法人税と寄付金の控除制度とがあるために、株主はむろん自分に代わって会社が贈与をしてくれることを望むかもしれない。というのは、それによって彼らはより多額の贈与をすることができるだろうからである。最善の解決は法人税の廃止であろう。しかし法人税が存在するかぎりでは、慈善的ないし教育的施設への寄付の控除を許すことは正当化できない。そのような寄付は、われわれの社会における究極の財産所有者である個人によってなされるべきである。

自由企業の名においてこの種の法人の寄付の控除制度の拡大を主張する人びとは、根本的に彼ら自身の利益に反対していることになる。現代企業にしばしば向けられる主要な苦情は、それが所有と管理との分離を含むということ——すなわち、法人企業は自分の思う通りのことをする社会制度になってしまって、責任のない幹部役員は株主の利益に奉仕するものではないということである。この非難はあたっていない。しかし、政策が現に動きつつある方向、すなわち法人企業に慈善的目的の寄付を許し、所得税に対する控除を許すという方向は、所有と管理との真の分離をつくり出し、われわれの社会の基礎的な本質と性格を破壊する方向への一歩である。それは個人主義的な社会から遠ざかり、法人国家へと向かう一歩である。」(Friedman〔1962〕)

だが、ベルリンの壁の崩壊後、コーポレート・ガバナンスが株主の力を強める方向に進行中であるまさにそのときに、経済界や論壇の著名人の口から、マーシャルの「経済騎士道」のすすめのような話をよく聞くようになった。マーシャルの経済騎士道とは、企業家が利潤最大化ばかりを追求するのではなく、蓄積した富を進んで公益のために提供するような態度のことを指しており、彼が百年以上も前に発表した論文「経済騎士道の社会的可能性」(『エコノミック・ジャーナル』誌、一九〇七年三月号)のタイトルに使われている。

「結論を述べると、この世界には、一見して思われるよりもはるかに多くの経済騎士道が存在している。最も重要で進歩的な事業が、大規模な騎士道的要素なしに行われたことはほとんどなく、それはしばしば主に騎士道的動機によって支配されている。しかし他方で、騎士道的でないやり方で富を獲得したり、高貴さの片鱗も感じさせないような多額の支出が行われることも多々ある。騎士道的で高貴なものを、そうでないものから区別することは、注意と思考力と労力を要する仕事である。この仕事を遂行することは、実業家の膝元に座して彼らから学んでいる経済学者の第一の義務である。世論を導き、これを形なき名誉法廷とする努力をしなければならない。すると、いかに大きな富であっても、それがごまかしや情報操作、不正取引、あるいは悪質な手口でライバルを破滅させることによって得られたものであるならば、社会的成功へのパスポートとはならないであろう。目的や方法の高貴な企業は、大きな財産をもたらすことがないとしても、しかるべき公衆の称賛と感謝を受けるであろう。これは優れた科学研究、文学、芸術の場合と同様である。」（マーシャル〔2014〕）

ただ、残念ながら、経済騎士道のような理想論を説くだけでは現実はビクともしない。

マーシャルがわざわざ「騎士道」と名づけたのは、企業家への期待もあっただろうが、その言葉自体は、本当の騎士道がなくなってしまった時代からの懐古的な言葉であることも忘れてはならない。ケインズが有名なマーシャル伝のなかで示唆したように、経済騎士道論は、マーシャルの「説教者」としての側面が「科学者」としての側面より勝ってしまった典型的な一例ではないだろうか（Keynes〔1972〕）。

いずれにせよ、テクノストラクチュアが大企業の実権を握っているというガルブレイス説は、ベルリンの壁の崩壊後の経済思潮とコーポレート・ガバナンスの変化によって大きな修正を迫られているというべきかもしれない。*

＊ 皮肉なことに、ガルブレイスが尊敬してやまないアメリカ制度学派の創設者ソースタイン・ヴェブレンは、黒木亮氏の研究によれば、企業家機能を「証券市場で評価される企業の「資本化価値」が最高になるように経営を行うという戦略的な機能」として捉えていた（黒木〔2002〕）。企業家機能のなかにイノベーションは入っておらず、それは純粋に「技術者」の仕事であると（Veblen〔1904〕）。

参考文献

Alfred Marshall, *Principles of Economics*, eighth edition, 1920.（永澤越郎訳『経済学原理』全四巻、岩波ブックセンター信山社、一九八五年）

Alfred Marshall, *Industry and Trade*, fourth edition, 1923.（永澤越郎訳『産業と商業』全三巻、岩波ブックセンター信山社、一九八六年）

根井雅弘『ガルブレイス――制度的真実への挑戦』（丸善ライブラリー、一九九五年）

伊東光晴『ガルブレイス――アメリカ資本主義との格闘』（岩波新書、二〇一六年）

John Kenneth Galbraith, *The Affluent Society*, fourth edition, 1984.（鈴木哲太郎訳『ゆたかな社会』岩波同時代ライブラリー、一九九〇年）

John Kenneth Galbraith, *The New Industrial State*, 1967.（都留重人監修、石川通達・鈴木哲太郎・宮崎勇訳『新しい産業国家』河出書房新社、一九六八年）

Kenneth J. Arrow and G. Debreu, "Existence of an equilibrium for a competitive economy," *Econometrica*, vol.22, 1954.

A. A. Berle and Gardiner C.Means, *The Modern Corporation and Private Property*, 1932.

James Burnham, *The Managerial Revolution: What is Happening in the World*, 1941.

ポール・A・サムエルソン『経済学と現代』福岡正夫訳（日本経済新聞社、一九七二年）

Ronald H. Coase, *The Firm, the Market, and the Law*, 1988.（宮沢健一ほか訳『企業・市場・法』東洋経済新報社、一九九二年）

Mariana Mazzucato, *The Entrepreneurial State: Debunking public vs. Private Sector Myths*, 2013.（大村昭人訳『企業家としての国家』薬事日報社、二〇一五年）
Nicholas Kaldor, *Further Essays on Economic Theory and Policy*, 1989.
根井雅弘『市場主義のたそがれ——新自由主義の光と影』（中公新書、二〇〇九年）
Milton Friedman, *Capitalism and Freedom*, 1962.（熊谷尚夫・西山千明・白井孝昌訳『資本主義と自由』マグロウヒル好学社、一九七五年）
アルフレッド・マーシャル『マーシャル　クールヘッド&ウォームハート』伊藤宣広訳（ミネルヴァ書房、二〇一四年）
The Collected Writings of John Maynard Keynes, vol.X, Essays in Biography, 1972.（大野忠男訳『人物評伝』東洋経済新報社、一九八〇年）
黒木亮「ヴェブレンとナイトの企業者論」（『経済学史学会年報』第四二号、二〇〇二年十一月）
Thorstein Veblen, *The Theory of Business Enterprise*, 1904.（小原敬士訳『企業の理論』勁草書房、一九六五年）

第四章　ネオ・オーストリアンの挑戦

ミーゼスからカーズナーへ

「ネオ・オーストリアン」とは、新オーストリア学派の立場に立つ人たちを指す言葉だが、「新」とはあっても、やはりオーストリア学派の流れを当然ながら汲んでいる。わが国におけるオーストリア学派の研究は、以前では、例えばケインズ経済学研究と比較すると遅れ気味だったが、いまでは、若手研究者の数も増えてきたように思われる。最近では、とくに、フリードリヒ・A・フォン・ハイエク（1899-1992）の研究が盛んだが、晩年ニューヨーク大学で教鞭をとったルートヴィヒ・フォン・ミーゼス（1881-1973）への関心も、教え子のネオ・オーストリアンのひとり、イスラエル・M・カーズナー（1930年生まれ）の精力的な啓蒙活動のおかげで高まってきた。

ミーゼスとハイエクは、歳の順番からいえば、ネオ・オーストリアンよりも先に紹介すべきかもしれないが、こと「企業家精神」に関しては、初期の労作『競争と企業家精神』（一九七三年）以来、カーズナーの貢献が無視できないので、彼から始めることにしよう（Kirzner〔1973〕）。

カーズナーの企業家論は、シュンペーターのそれと比較するとわかりやすい。シュンペーターの企業家像は、第二章でみたように、静態の世界の均衡を破壊する英雄的な人物だった。「創造的破壊」という言葉はときに誤解されることもあるが、シュンペーターの描いた理想的な企業家のイメージを伝えるには好都合である。

「内外の新市場の開拓および手工業の店舗や工場からU・S・スチールのごとき企業にいたる組織上の発展は、不断に古きものを破壊し新しきものを創造して、たえず内部から経済構造を革命化する産業上の突然変異——生物学的用語を用いることが許されるとすれば——の同じ過程を例証する。この「創造的破壊」(Creative Destruction) の過程こそ資本主義についての本質的事実である。それはまさに資本主義を形づくるものであり、すべての資本主義的企業がこのなかに生きねばならぬものである。」(Schumpeter〔1950〕)

いつ読んでも勇ましい姿を彷彿させるシュンペーターの企業家像だが、カーズナーは、このような「均衡破壊者」としての企業家像は、「企業家精神はどのように市場が均衡点の方向に傾くのかを理解するのにともかくも不必要だという誤った信念」を広めてしまったという（Kirzner〔1973〕）。どういうことだろうか。

「諸機会に対して機敏な」者としての企業家

カーズナーは「企業家」を、シュンペーターのようにつねにイノベーションを遂行する者としてではなく、むしろ、「すでに存在し、気づかれるのを待っている諸機会に対して機敏である」者として捉えている（Kirzner〔1973〕）。換言すれば、企業家を新しい機会を創り出すというよりは機会に対して反応する者として、利潤機会を生み出すというよりは利潤機会をとらえる者として考えるということである。これは、あとで触れるように、「市場均衡」よりも「市場プロセス」を重視するというミーゼスやハイエクの思考法を受け継いだものだと言える。

ワルラスの一般均衡理論を発展させた新古典派（「主流派」と言ってもよいが）の価格理論は、市場均衡にあまりにも関心を集中させてきたがゆえに、そこへ至るまでの市場プロセスについての理解がおろそかになった。つまり、市場均衡では、かつてワルラスが叙述したように、企業家は利益も得なければ損失も被らない存在となるので、そもそも企業家が活躍する場がない。

シュンペーターは、たしかに、イノベーションを遂行することによって市場均衡を破壊する者として企業家を描写し、一躍脚光を浴びたのだが、シュンペーター流の思考法では、均衡を達成したり回復したりするために企業家が演じる役割は、原理上存在しないということになってしまう。カーズナーは、「このような取り扱いは、換言すれば、全く誤った見解を生みやすいのであって、それによれば、均衡状態は、そのような状態の唯一の源泉である、散在している情報の断片を活用し整理するような社会的装置なしでも達成されるということになるのだ」と（Kirzner〔1973〕）。

これに対して、市場プロセスとは市場均衡に至るまでの不均衡がある限り続くものだが、そのような不均衡の状態でこそ「諸機会に対して機敏である」者としての企業家が活躍する余地がある。カーズナーの企業家は、不均衡の状態において「均衡をもたらす変化」を担うという独自の役割を演じるのである。

「私にとっては、企業家が始動する変化は、つねに均衡という仮説的な状態に向かっている。すなわち、それらの変化は、現存の誤った意思決定のパターン、見過ごされた諸機会によって特徴づけられるパターンに反応してもたらされたものである。企業家は、私の見解では、以前の市場の無知から生じた不調和の要素を相互に調整する働きをするのである。」（Kirzner〔1973〕、原文訳、傍点は引用者）。

市場プロセスでは、以前の「市場の無知」や「誤った意思決定」などによって不均衡状態が現存しているのだが、そこに「諸機会に対して機敏である」者としての企業家が市場における不調和を相互に調整し、均衡状態へと向けるような働きをする。カーズナーは、このような役割も立派な企業家機能のひとつであると捉えている。それゆえ、市場均衡にばかり関心を向ける（当時の）新古典派価格理論にはかねてから不満を抱いてきたというのだ。

市場プロセスの重視

「市場の無知」や「誤った意思決定」などの言葉が出てくる含意は、その正反対の「完全知識」が支配する完全競争論を思い浮かべれば理解しやすい。カーズナーは、そこでライオネル・ロビンズ（1898-1984）の名前を出しているが、ロビンズは、現在でも、『経済学の本質と意義』（一九三二年）における経済学の「稀少性」定義によって記憶されている経済学者である。すなわち、「経済学は、諸目的と代替的用途をもつ稀少な諸手段との間の関係としての人間行動を研究する科学である」と（Robbins〔1935〕）。ロビンズ流に考えれば、「目的」と「手段」が所与ならば、消費者の効用最大化の問題や企業の利潤最大化（費用最小化）問題はごく簡単な計算ですぐに解けてしまう。カーズナーが、"Robbinsian economizers or maximizers" という言葉を使っているのはそういう意味である。ロビンズ流の「経済人モデル」と呼んでもよいかもしれない。

さて、ロビンズ流の「経済人モデル」において、「目的」と「手段」の関係が昨日と今日で何の変化もなければ、昨日の意思決定を変更する理由がない。「完全知識」が仮定されているならば、なおさらそうである。だが、現実には「完全知識」の条件が満たされることはほとんどなく、それゆえ、カーズナーは、意思決定者が市場における経験から学んでいく可能性を指摘する。すなわち、「最適」ではない意思決定を下した者は、その誤りを認めて、「目的」と「手段」の関係に関する「期待」を変更しなければならない。その他の市場参加者もそのような「期待」を変更するかもしれないので、それらの相互作用を通じて市場プロセスが進行していく。そして、このような市場プロセスの中でこそ、「諸機会に対して機敏な」者としての企業家の役割があり、その活動を通じて市場における不調和が相互に調整され、市場均衡へと向かっていく、と。

ここまでくると、カーズナーの企業家とシュンペーターの企業家との違いがより明確になるだろう。カーズナーも、「企業家」と「資本家」を峻別する点ではシュンペーターとは変わらない。ネオ・オーストリア学派の内部には、企業家も資本に伴う危険負担を担うと考える論者もいるが、少なくともカーズナーは企業家機能の中に危険負担を入れていない（越後〔1985〕）。だが、彼の思い描く企業家像は、シュンペーターの英雄的な企業家像とはずいぶん違っている。

「私にとっては、企業家機能の最も重要な特徴は、ルーチンから逸脱する能力というよりは、むしろ他者が気づかなかった新しい諸機会に気づく能力である。企業家機能は、私にとって、新しい生産物や新しい生産方法の導入というよりは、むしろどこで新しい生産物が消費者にとって思いもかけず貴重なものになり、どこで他者には未知であった新しい生産方法が実現可能になったのかに気づく能力である。私にとっては、企業家機能の本質は、費用や収入の曲線をシフトさせるのではなく、それらの曲線が現実にシフトしてしまったことに気づくことにある。」（Kirzner〔1973〕、原文訳、傍点は引用者）

「企業家精神がシュンペーター体系内で達成するのは、循環的流れの破壊であり、均衡から不均衡を創り出すことである。私にとっては反対に、企業家の役割は、もちろん体系内の動きの源泉なのだけれども、均衡化をもたらす影響を与えることである。すなわち、それはまだ気づかれていない諸機会への企業家的な機敏さであり、それがさらに均衡の循環的な流れに向かう傾向を生み出すのである。シュンペーターにとっては、企業家精神が重要なのは主に経済発展の引き金になるからである。しかし、私にとっては、それが重要なのは主に市場プロセスがすべての文脈においてそれ自らを作用させるのを可能にするからであり、経済発展の可能性があったとしても、それは単なる特殊ケースとして捉えられる。」（Kirzner〔1973〕、原文訳は引用者）

恩師ミーゼスの慧眼

カーズナーの企業家論は、彼自身も認めているように、ニューヨーク大学での恩師であったミーゼスの影響を受けている。ミーゼスの大著『ヒューマン・アクション』（一九四九年）に出てくる“homo agens”とは「行為人」という意味だが、ミーゼスの「行為人」

もロビンズ流の意思決定者とはきわめて対照的である。ロビンズ流の意思決定者は、「目的」と「手段」の関係が所与であるという意味で機械的な問題処理が可能だが、それに対して、ミーゼスの「行為人」は「目的」も「手段」も自明でないような状況で意思決定をしなければならないので、企業家的な要素が入り込む余地がある。この点は、池本正純氏の解説がわかりやすい。

「もっと経済取引に絡めて具体的に言うと、インプットして何を選び、アウトプットして何を選ぶかという意思決定である。実際上の経済行動においては誰もが常にこのような意思決定を迫られているのである。そこでは、単なる計算能力ではなく、他人が気づいたことのない、できるだけ新鮮な、そして潜在的にはより価値のある目的（アウトプット）を見出し、また従来知られずに眠っていた手段（インプット）を発見する上での機敏さ（alertness）が要求される。インプットとアウトプットとの相対的関係の中に潜在する未利用の機会をすばやく察知し、抜け目なくそれを利用し尽くすというのが企業者的行動の本質なのである。機を見るに敏なこの資質こそが企業者精神（entrepreneurship）と呼ばれるものなのである。」（池本〔1984〕）

カーズナーは、あるところで、ミーゼスの見解を「裁定利潤説」（"arbitrage" theory of profit）と呼んでいるが、これは、企業家論の初期の貢献者であるカンティヨンとネオ・オーストリアンをつなぐ視点のひとつである。それゆえ、カンティヨンと同じように、「不確実性の下での意思決定」と「企業家精神」が切っても切れない関係にあると強調したほうがミーゼスの真意に近いだろう（Kirzner〔1997〕、越後〔1985〕）。ミーゼスは、大著『ヒューマン・アクション』のなかで次のように述べている。

「あらゆる行為者と同様に、企業家は常に投機家であって、未来の不確実な状態を扱う。成功するか失敗するかは、不確実な事象を正確に予想できるか否かにかかっている。来たるべきことを理解できなければ失敗する。企業家的利潤が生じる唯一の源泉は、消費者の未来の需要を他の人々よりも的確に予想できる企業家の能力である。」（Mises〔1966〕）

「もし全企業家が未来の市場状態を正しく予想できたならば、利潤も損失もないであろう。全生産要素の価格は、今日既に明日の製品の価格に完全に調整されているであろう。生産要素を購入する場合、企業家は（現在財と将来財との価格差を十分考慮して）買い手が後日その製品に支払うのと同じ金額を支出しなければならないであろう。企業家は他の企業家よりも正確に未来の状況を予想することによってのみ、利潤をあげることができる。その場合、彼が購入する補完的生産要素価格の合計は、（時差による差額をも含めた）その製品の販売単価よりも低い。」（Mises〔1966〕）

カーズナーは、ニューヨーク大学におけるミーゼスの後継者といってもよいが、ケインズがマーシャル伝を書いたときのように、弟子が恩師の業績を総括するときは多くの文献に目を通し、細心の注意を払うだろう。カーズナーも恩師の生涯と業績を紹介する本を書いたことがあるが、多少自分自身の思想に引きつけて解釈している嫌いはあるものの、ミーゼスと新オーストリア学派の思想への優れた入門書に仕上がっていると思う（Kirzner〔2000〕）。すなわち、ミーゼスにおける企業家の役割は、現実の不均衡のなかで利潤の獲得機会をいち早く発見することによって、「均衡化傾向をもつ矯正プロセス」を発動させることだというのである。

そして、これも重要なポイントだが、ミーゼス＝カーズナーの理論では、市場プロセスが続く限り「動態」的な過程が進行していると捉えられる。シュンペーターの理論では、第二章で述べたように、動態は企業家のイノベーションの遂行のみから始まるが、ミーゼス＝カーズナーは、イノベーションだけが動態の源泉ではなく、価格競争もまた十分に動態的な過程なのである。

「（均衡状態である）完全競争では、ミーゼスが重視した企業家を考えることは絶対にできない。これに対して（相互に競争する生産者たちの成功と失敗を消費者が決定してゆくミーゼスの）ダイナミックな競争プロセスは、まさに企業家的なプロセスだ。競争的な参入という行為は、必然的に企業家的だ。その行為はある特定の資源を、現在使用しているところから、販売して利益を上げることができると予想する別の生産物の生産に振り向けることでより大きな利益を獲得できるという、参入者の確信を示している。このように企業家的市場プロセスは、終わることのない一連の企業家的な歩みなのだ。それらの一歩一歩が「参入」行為だ。ミーゼスによれば、「競争」の利点として人々が理解しているのは、それが絶えることのない企業家的な冒険を許容し刺激することである。これらの冒険で新たな生産物や新たな生産方法が導入される。そしてそれらの冒険はまた、資源と生産物の新たな市場価格を生みだしてゆく。これらの新しい価格は、消費者の判断に順応して、最も生産的なところに資源を惹きつける可能性を開く。それはまた、より低価格で消費者に生産物を提供できる可能性も生み出す。」（Kirzner〔2000〕）

消費者主権の貫徹

ミーゼスは、このような市場プロセスや企業家の活動が妨害されない限り、究極的に消費者の利益にかなうという意味で「消費者主権」が貫徹していると考えていた。このようなカーズナーの解釈は、ミーゼスの『ヒューマン・アクション』を精読すれば、妥当なものだと確証される。

「消費者は欲しいものを最も安く買える店をひいきにする。消費者が買うか買うことを差し控えるかが、工場や農場をだれが所有し経営すべきかを決定する。貧しい人々を金持ちにし、金持ちを貧乏にし、何をどのような品質で、いかなる数量で生産すべきかを厳密に決定する。消費者は無慈悲なボスであり、気まぐれで移り気で、変わりやすく、予測ができない。自己の満足以外はその眼中にない。消費者は過去の業績と既得権をいささかも気にしない。もっと好きな物か、もっと安い物を提供する者があると、昔の納入業者を見捨てる。買い手と消費者としての資格において、他人に配慮せず、頑固で無神経である。」（Mises〔1966〕）

「消費者は消費財の価格のみならず、全生産要素の価格も究極的に決定し、市場経済の全員の所得を決定する。あらゆる労働者、掃除婦のみでなく魅惑的な映画スターまで稼得することになる賃金を支払うのは、企業家ではなく消費者である。消費者が支出する一ペニーごとに、すべての生産過程の方向と、すべてのビジネス活動組織の細部を決定していく。この状態を評して、市場は一ペニーごとに投票権を与える民主主義であると言われてきた。民主主義憲法は、消費者としての市民に対して市場経済が与えているのと同じ主権を、政治を行なう場合にも市民に与えるための仕組であると言った方がもっと正しいであろう。しかし、この比較は不完全である。政治的民主主義では、多数派の候補者または多数派の計画に投じられた票のみが、事態の方向決定に有効である。少数派が投じた票は、政策に直接影響を与えない。しかし市場ではどの票もむだにはならない。どの一ペニーも生産過程に作用する力を持っている。出版社は推理小説を出版して多数派に迎合するのみでなく、叙情詩や哲学の小冊子を読む少数派にも迎合する。パン屋は、健康な人々のみでなく、特別な食事療法をしている病人のためにもパンを焼く。消費者の意思決定は、特定の貨幣金額を支出してもよいという気持に完全に見合った効果を発揮する。

市場においては、種々な消費者が同一の投票権を持っているとは限らないことは事実で、金持ちは貧しい市民よりも多くの投票権を持っている。しかし、この不平等自体それ以前の投票が作用した結果である。純粋市場経済において、金持ちであるということは、消費者の需要を最も良く充足するのに成功した結果である。最も効率良く消費者に奉仕し続けて初めて、金持ちはその富を維持することができる。

かくして、物的生産要素の所有者と企業家は、毎日繰り返される選挙によって任命を受けた消費者の取消可能な事実上の受任者または受託者である。」(Mises〔1966〕、傍点は引用者)

このような考え方は、企業家がイノベーションを遂行する動態においては、消費者ではなくむしろ企業家が主導権を握るというシュンペーターのそれと鋭く対立している。これは動態の真の源泉とは何か、という本質にかかわる見解の相違で、シュンペーターの場合は、それはイノベーション以外にあり得ない、とやはり「純粋化」された見方を堅持している。

「経済における革新は、新しい欲望がまず消費者の間に自発的に現われ、その圧力によって生産機構の方向が変えられるというふうにおこなわれるのではなく――われわれはこのような因果関係の出現を否定するものではないが、ただそれはわれわれになんら問題を提起するものではない――、むしろ新しい欲望が生産の側から消費者に教え込まれ、したがってイニシアティヴは生産の側にあるというふうにおこなわれるのがつねである。これが慣行の軌道における循環の完了と新しい事態の成立との間の多くの相違の一つである。すなわち、供給と需要とをたがいに原理的に独立した要因として対立させることは、第一の場合には許されるが、第二の場合には許されない。この結果として、第一の場合の意味における均衡状態は第二の場合にはありえないことになる。」(Schumpeter〔1926〕)

ハイエクの「プロセスとしての競争」

市場プロセスへの関心は、オーストリア学派の創設者カール・メンガー(1840–1921)

からミーゼスを経てハイエクへと継承されていく。ハイエクは、「競争の意味」（一九四六年）と題する論文において、「競争」とは何かという根源的な問いを投げかけている（ハイエク〔1986〕）。というのも、完全競争モデルに典型的に表れているような新古典派の競争観が、オーストリアンからネオ・オーストリアンへと受け継がれていく競争観とずいぶん異なっているからである。

ハイエクによれば、「完全競争」の条件とは、（1）「比較的小さい売手や買手」が「多数」存在すること、（2）「市場への自由な参入」、（3）「完全知識」の三つだが、これらの条件を満たした市場は、私たちがふつう使う「競う」という意味と全くかみ合わない。

「ジョンソン博士によれば、競争とは「他人も同時に獲得しようと努めているものを、獲得しようと努める行為」である。さて日常生活において、その目的のため採られている工夫のうちどれだけ多くのものが、いわゆる「完全競争」が支配する市場における売手になお可能なものとして残されるであろうか。答はまさに何も残らない、であると私は信じる。広告、値引き、生産される財やサーヴィスの改善（「品質差別化」）はすべて、定義によって排除される――「完全」競争は、実際、あらゆる競争的活動の不在を意味する。」（ハイ

エク〔1986〕)

このような混乱が起こるのは、予想されるように、新古典派が「市場均衡」に関心を集中させているのに対して、ハイエクの関心が「市場プロセス」にあるからである。ハイエクも、ミーゼスと同様に、市場プロセスが進行し企業家の活動が妨害されない限り、「競争」はなくならないと考える。新古典派の意味で独占や寡占や不完全競争が支配的な市場であっても、企業家がその市場へ自由に参入することができるならば、「競争」は決してなくならない。例外は、政府によって保証されている独占市場のみであると。

「情況の客観的事実と情況への人間の反応の性格との間の混同は、競争がそのなかで作用しなければならない客観的条件が複雑であればあるほど、すなわち「不完全」であればあるほど、競争はそれだけますます重要であるという重大な事実を、われわれの眼から隠してしまう傾向がある。実際、競争は「完全」であるときにだけ有益であるどころか、私はむしろ、財やサーヴィスの性質のために、理論的意味における完全市場をつくり出すことがまったく不可能なような分野においてこそ、競争の必要性は他のところにおいてよりも大きい、と主張したい気持である。競争が現実には不完全である他ないことが、競争に反対する論拠にならないのは、ちょうど、なにか他の課題の完全な解決に達することの困難さが、その課題をともかくも解決しようと試みることに反対する論拠にならないのと同様であり、あるいは、健康が不完全だからといって、健康に反対する論拠にならないのと同様である。

われわれの欲求《ニーズ》や知識が絶えず変化する性格のものであるために、あるいは、人間の熟練と能力の無限の多様性のために、同一の均質的な生産物やサーヴィスを提供する多数の人びとがどうしても得られない条件のもとでは、理想的な状態は、大量の生産物やサーヴィスの同一性格を要求することではありえない。経済問題は、われわれが所有する資源が何であれ、それらをもっともよく利用する問題であって、もし情況が現にある情況と異なっていたとしたら、われわれは何をなすべきかという問題ではない。「あたかも」完全市場が存在する「かのように」資源利用について語るのは、資源が現実にあるものと異ならなければならぬことを意味するのであるならば何の意味もないし、われわれの課題が、現に存在する人びとが所有する知識の最善利用でなければならないとすれば、完全な知識をもつ人間ならば何をするのかを論じることにも、まったく意味がない。」（ハイエク〔1986〕、

傍点は引用者）

「競争は本質的に意見の形成の過程である。すなわち、われわれが経済システムをひとつの市場として考えるときに前提している、経済システムのあの統一性と連関性を、競争は情報を広めることによって創り出すのである。競争は、何がもっとも良くもっとも安いかについて、人びとがもつ見方を創り出す。そして人びとが、すくなくとも、いろいろな可能性と機会について現に知っているだけのことを知るのは、競争のおかげである。競争はこのようにして、与件における連続的な変化を含む過程であり、それゆえに競争の意義は、与件を不変として取り扱うような理論によって、完全に見失われてしまう他ないのである。」（ハイエク〔1986〕）

ハイエクのユニークな知識論

ハイエクは、ミーゼスやネオ・オーストリアンほど頻繁に「企業家」という言葉を使っていないが、意思決定をしなければならない主体が文脈から企業家であると判断しても間違いないだろう。ハイエクとミーゼスのあいだに微妙な違いが出るのは、ミーゼスが市場プロセスから企業家を経て「人間行為」(ヒューマン・アクション)の考察へとつながるのに対して、ハイエクは、市場プロセスから「プロセスとしての競争」を経て独自の知識論へと進んでいくからである。

ただし、ここで「知識」という場合、ハイエクは単に「科学的知識」ばかりでなく、「時と場所の特殊情況についての知識」の重要性を説いていることに留意しなければならない(「社会における知識の利用」一九四五年)。現実の経済社会はつねに「変化」しつつあるので、「完全知識」などは最初から望むべくもなく、「競争」のプロセスを経て学習しながら知識を身につけていかなければならない。「時と場所の特殊情況についての知識」は、中央からは把握しにくいが、その場の個々の企業家の意思決定には極めて重要な意味をもっている。ハイエクは、ミーゼスと同様に、中央当局による経済計画の意義や可能性に対して極めて批判的だったが、それは中央当局が「時と場所の特殊情況についての知識」の重要性を理解せず、それゆえ、知識や情報が伝達される仕組みとしての「価格メカニズム」が演じる大きな役割を無視したからであると。

「価格システムはまさに、人間がそれを理解することなしに偶然に出会って見つけた後に、利用することを学んだ（人間は価格システムの最善の利用法を習得したというのにはまだまだ遠いけれども）形成物のひとつである。価格システムによって、分業だけでなく、同じように分割された知識を基礎とする、資源の調整された利用が可能になった。真相は今述べた通りなのだという示唆を嘲笑したがる人たちは、そういう示唆は、ある奇跡によって近代文明にもっともよく適合する種類のシステムが、自然発生的に成長したと主張するものだ、とあてこすって議論を歪めるのが通常である。これは話が逆である。人間は分業を可能にさせる方法をたまたま見つけたために、われわれの文明の基礎をなす分業を発展させることができたのだ。もしも人間が分業を可能にさせる方法を見つけていなかったとしたら、人間はそれでもなにか別のまったく異なった型の文明、白アリの「国」のようなもの、あるいはもっと別の想像もつかないような型の文明を、発展させていたかもしれない。われわれが言うことができることは、現存システムをもっとも猛烈に攻撃する人びとにとってさえも貴重であるような、現存システムの一定の特徴——たとえばとくに、個人が自分の職業を選択することができ、したがって、自分自身の知識と技能を自由に使える広汎さのような——が維持されうる代替的システムを設計することにいままで誰も成功していない、ということだけである。」（ハイエク〔1986〕）

ハイエクの知識論は、ベルリンの壁の崩壊後、ある程度識者に知られるようになったが、それが、社会主義計画経済批判ばかりでなく、本来は、「市場プロセス」「プロセスとしての競争」への関心と相俟って一般均衡分析への批判とつながっていることを見逃してはならない。その証拠に、「人間の知識の不可避的な不完全さ」と「知識が絶えず伝達されて獲得されるための過程の必要性」の次に最終的に出てくるのは、「均衡分析」批判だからだ。

「連立方程式を扱う数理経済学者の多くに見られるような、人びとの知識が実際の事実に対応しているという想定から事実上出立する接近方法はどれでも、われわれが説明すべき主要課題であることを体系的に置きざりにする。われわれの体系において均衡分析が果たすべき有益な機能をもつことを、私はすこしも否定しない。しかし均衡分析がわれわれの指導的思想家たちの幾人かを誤らせて、均衡分析が描く状態が実際上の諸問題の解決に対して直接的な意義をもつかのように信じさせるところまで来るとなると、均衡分析は社会的過程をすこしも取り扱わないこと、そして均衡分析は主たる問題の研究に対するひとつ

の有益な予備作業以上のものではないことを、今こそわれわれが想い起こすべき時なのである。」（ハイエク〔1986〕）

「妨害されない市場経済」への信念

ところで、いまはハイエクの名前が大きくなったので、『隷属への道』（一九四四年）に代表されるハイエクの社会主義批判は周知のものになってしまったが、もちろん、ミーゼスもまた、初期の頃から死に至るまで、企業家の自由な活動を妨害する社会主義計画経済の徹底した批判者であった。だが、資本主義はダイナミックな市場経済に基礎を置いているので、絶えざる変化に曝《さら》され、その過程で衰退や消滅を余儀なくされる企業や産業も少なくない。そのような「不安定性」から逃れるために、社会主義者でなくとも、「妨害されない市場社会」の改革を主張するケインジアンや制度主義者などが活躍した。ミーゼスの後半生は、むしろそのような意味での改革論者が学界や論壇で多数を占めた時代であった。ミーゼスやハイエクの凄さは、長年、みずからの経済哲学への逆風が吹き続けたにもかかわらず、決して信念を曲げなかったことである。

「妨害されない市場社会の特徴は、それが既得利益を尊重しないことにある。過去の業績が改善の障害になるときは、それを重んじない。したがって、安定の擁護者が、資本主義の不安定を非難するのは全く正しい。しかし、資本家や企業家の利己主義的利益に責任があると暗示している点では、事実をゆがめている。既得権を害するのは、自分のニーズをできる限り満足させようとする消費者の強い欲望である。生産者を不安定にさせるのは、少数の金持ちの欲の深さではなくて、自分の福利を向上させる機会が与えられると、それを利用するという、だれもが持っている性向である。塗装工を憤慨させるのは、他の人々が高い住宅よりも安い住宅を選択することである。また、塗装工自身、高い商品よりも安い商品を選んで、彼なりに労働市場の他の部門に不安定を発生させる原因となっている。状況の変化に応じて、再三再四、自己調整をしなければならないのは、確かに面倒なことである。しかし変化は人生の本質である。妨害されない市場経済では、安定の欠如、すなわち既得権保護の欠如は、物質的福利を着実に向上させるために役立つ原則である。ウェルギリウスや十八世紀の詩人や画家の牧歌的な夢について議論する必要はない。現実の羊飼いが享受していた安定がどのような種類の安定であったかを検討する必要はない。本当に羊飼いと立場を入れ代わりたいと願う者はだれ一人いない。

安定への熱望は、一九二九年に発生した大不況で特に強くなり、数百万の失業者から熱狂的な反応を受けた。農業者や賃金生活者の圧力団体の指導者は、「諸君それが資本主義というものだ」と叫んだ。しかし、諸悪は資本主義によって生み出されたのではなく、それどころか、干渉主義によって市場経済の機能を「修正」や「改善」しようとする努力によって生み出されたのであった。崩壊は、信用膨張によって利子率を引き下げようとした企図の必然的結果であった。制度的失業は、潜在的市場賃金率よりも高く賃金率を定めた政策の不可避的結果であった。」（Mises〔1966〕）

「資本主義は人口数を増大させたばかりでなく、同時に、人々の生活水準を前代未聞の域にまで向上させたのが、その真相である。どんな経済的思考も歴史的経験も、資本主義ほど大衆に有益な社会体制を提案することはできなかった。結果がそのことを雄弁に物語っている。」（Mises〔1966〕）

反トラスト法批判

ミーゼスは、このように徹底した「介入主義」の批判者であったが、これは、程度の差こそあれ、ハイエクやネオ・オーストリアンにも共通してみられる特徴のひとつである。例えば、この章の最初に紹介したカーズナーによれば、アメリカの反トラスト法も政府規制のひとつだが、その厳格な適用が市場経済のダイナミズムや効率性をかえって阻害したという主張を繰り返し表明している。一九八〇年代に発表された啓蒙論文「〝オーストリア学派〟は危機をどう見るか」において、カーズナーは次のように述べている。

「オーストリア学派からみれば、完全競争という不幸な概念の上に成りたつ経済学はきわめて不十分なものである。それは残念ながら、均衡にのみ関心を集中させただけでなく、動態的競争（ここでは完全競争という経済学者の静態的な見方は事実上崩壊せざるをえない）の必要条件およびそれのもたらす便益を理解するうえでの決定的な障害ともなった。こうした失敗の帰結として生じたのが、とりわけ広告の役割についての現代経済学の誤解と、アメリカ産業の効率性と活力を大きく阻害した反トラスト経済学の是認である。動態的競争における参入の自由のもつ決定的重要性（および、現代においてこの自由を侵害した、善意による政府の規制行為のおよぼす有害性）を認識せずに、主流派経済学は大規模であることそれ自体が反競争的であるという見解と、価格に関して企業が自由裁量の余地をもつ

ことは本質的に好ましくないという見解とを擁護してきたのである。」（Bell and Kristol〔1981〕）

少し敷衍しておこう。カーズナーが批判しようとしているのは、J・S・ベイン（1912–91）やリチャード・E・ケイヴズ（1931年生まれ）によって体系化された産業組織論である（植草〔1982〕）。これはサムエルソンの新古典派総合が主流派であった頃の標準的な思考法だったが、簡単には、「市場構造」「市場行動」「市場成果」パラダイムと言い換えてもよい。すなわち、「市場構造」（売り手や買い手の集中度、新規企業の参入の難易度、製品差別化の程度）が「市場行動」（企業の価格政策、製品政策、競争相手に対する反応政策など）を決め、「市場行動」が「市場成果」（価格・費用関係と利潤率、生産の技術的効果、成長率など）を決めるので、良好な市場成果を引き出すには、独占的行為や独占的構造を排除しなければならない、と。とりわけ、ある段階まで、アメリカ司法省は独占的な市場構造には目を光らせていたので、企業が大規模であること自体がしばしば問題になった。

ところが、第一章の最初のほうで紹介したボーモルその他のコンテスタビリティ理論の登場以降、このようなパラダイムは次第に崩壊していく（Baumol, Panzar and Willig〔1982〕）。

この理論自体は専門的なので紹介は控えるが、その基本的な考え方は次のようにまとめられる。すなわち、たとえ市場占拠率が高かったとしても、その市場につねに新規企業が参入してくる可能性があれば超過利潤は生じないので、集中度の排除や企業合併の規制などをおこなう必要はない、と。ただし、この理論が成り立つには、企業が産業から退去するときに「埋没費用」(sunk cost) がかからないなどの条件が必要である。

コンテスタビリティ理論の登場と、「政府こそがまさに問題である」と公言していたロナルド・レーガンの共和党政権が一九八〇年代に規制緩和路線を推進したことによって、時代の流れは大きく変わっていった。ボーモルたちはネオ・オーストリアンとは呼ばないが、反トラスト法の厳格な適用に反対する点では、カーズナーと見解は同じである。前の引用文にあるように、カーズナーが「参入の自由」の重要性を強調し、反トラスト法が市場経済のダイナミズムと効率性を損ねたと主流派を批判していたことを思い出してほしい。

企業家の二類型――「受動型」と「創造型」

さて、ネオ・オーストリアンの見解を紹介してきた最後に、彼らの企業家像とシュンペーターの企業家像とを橋渡しする可能性について考えてみたい。

シュンペーターは、企業家機能をイノベーションの遂行のみに限定し、それ以外の仕事をする人たちを企業家とは呼ばなかったが、これは「純粋化」されているだけにあまりにも狭い見解である。カーズナーが描いたような、不均衡のなかで「諸機会に対して機敏」に行動するような企業家がいてもおかしくない。シュンペーターの企業家が「均衡破壊」の役割を演じる一方で、破壊された均衡の中から諸機会に対して機敏に反応し、「均衡回復」の役割を演じるようなカーズナーの企業家にも活躍の余地はある。

ただ、「動態」の定義に関しては、私はやはり企業家によるイノベーションの遂行によって始動するというシュンペーターの見解を支持したい。カーズナーは、イノベーション以外の価格競争や非価格競争なども彼の意味での企業家が活躍する余地があれば「動態的」であると考えているが、このような用語法は誤解を招きやすい。企業家にも「受動型」と「創造型」があると捉えれば、カーズナーの企業家は前者に、シュンペーターの企業家は後者に分類されることになる。実際の企業経営にも「守り」と「攻め」の二つの行動パターンがあり得るので、このような分類も不自然ではないだろう。「守り」というから重要でないわけではなく、いつか「攻め」に転じるときの準備作業は必ず必要なので、両者とも役割は違っても「企業家」という言葉を使ってもよいと思う。シュンペーターの定義に従うと、「受動型」あるいは「守り」の企業家はあり得ず、単なる「業主」に過ぎないとなるが、それでは現実の世界ではほとんど企業家はいなくなるという浮世離れした話になりかねない。

それゆえ、私は、企業家にも「受動型」と「創造型」の二類型があると考えたほうがよいと主張しているのである。

参考文献

Israel M. Kirzner, *Competition and Entrepreneurship*, 1973.

Joseph A. Schumpeter, *Capitalism, Socialism and Democracy*, third edition, 1950.（中山伊知郎・東畑精一訳『資本主義・社会主義・民主主義』全三巻、東洋経済新報社、一九六二年）

Lionel Robbins, *An Essay on the Nature and Significance of Economic Science*, second edition, 1935.（中山伊知郎監修・辻六兵衛訳『経済学の本質と意義』東洋経済新報社、一九五七年）

越後和典「企業家について——カーズナーの企業家的機能論」（『彦根論叢』第二三一号、一九八五年三月号）

Robin Douhan, Gunnar Eliasson, and Magnus Henrekson, "Israel M. Kirzner: An Outstanding Austrian Contributor to the Economics of Entrepreneurship," *Small Business Economics*, vol.29, 2007.

Ludwig von Mises, *Human Action*, third edition, 1966.（村田稔雄訳『ヒューマン・アクション』春秋社、一九九一年）

池本正純『企業者とはなにか——経済学における企業者像』（有斐閣選書、一九八四年）

Israel M. Kirzner, *How Markets Work*, The Institute of Economic Affairs, 1997.（西岡幹雄・谷村智輝訳『企業家と市場とはなにか』日本経済評論社、二〇〇一年）

Israel M. Kirzner, *Ludwig von Mises: The Man and His Economics*, 2000.（尾近裕幸訳『ルートヴィヒ・フォン・ミーゼス——生涯とその思想』春秋社、二〇一三年）

Joseph A. Schumpeter, *Theorie der wirtschaftlichen Entwicklung*, 2. Aufl., 1926.（塩野谷祐一・中山伊知郎・東畑精一訳『経済発展の理論』上・下、岩波文庫、一九七七年）

F・A・ハイエク『市場・知識・自由——自由主義の経済思想』田中真晴・田中秀夫編訳（ミネルヴァ書房、一九八六年）

Daniel Bell and Irving Kristol, eds., *The Crisis in Economic Theory*, 1981.（中村達也・柿原和夫訳『新しい経済学を求めて』日本経済新聞社、一九八五年）

植草益『産業組織論』（筑摩書房、一九八二年）

W. J. Baumol, J. C. Panzar and R. D. Willig, *Contestable Markets and the Theory of Industry Structure*, 1982.

おもな登場人物

カンティヨンとセイ

アイルランド出身の銀行家リシャール・カンティヨン（1680から90の間-1734）の生涯には謎が多い。生年も一六八〇年から九〇年の間としかわからない。そして、悲劇的なことに、一七三四年五月十四日、ロンドンの住宅街で起きた殺人放火事件の被害者として死亡した。

個人銀行を開いていた彼にチャンスが訪れたのは、当時フランスの金融界に君臨していたジョン・ロー（1671-1729）と懇意になったときである。カンティヨンは、いわゆるミシシッピー・バブルで一財産を手に入れた。

だが、ローの金融膨張策は、結局は、銀行券の過剰発行によるインフレと株価の暴騰のあとバブルの崩壊を招いて挫折した。ところが、カンティヨンは、ローのシステムが崩壊する前から危険を察知していたらしく、その後、ミシシッピーの投機をめぐる顧客とのトラブルが訴訟事件に発展すると、パリからアムステルダムへと逃れ、最終的にロンドンに落ち着いた。しかし、それもつかの間、先の殺人放火事件の被害者として悲劇的な最期を迎えたのである。

カンティヨンの『商業試論』（出版は一七五五年）は、彼が訴訟事件に備えていた一七三〇年から三二年の間に執筆されたと推定されている。だが、その本は、実は、「ローに近づき、ローを避ける」（津田内匠）のを行動の基本にしていたといわれるカンティヨンによるロー批判なのだと言われている。それは、とくに貨幣論を取り扱っている第Ⅲ部に関して当てはまる。だが、私たちの関心は企業家論にあるので、本書では、「企業者」（アントゥルプルヌール）を軸にした市場システム論として捉える解釈を提示した。

カンティヨンの企業家論は、不確実性の下での危険負担者として企業家を捉える点においてネオ・オーストリアンの先駆者といってもよいほどだ。それゆえ、ネオ・オーストリアンのマレー・ロスバードは、カンティヨンを“the Founding Father of Modern Economics”（現代経済学の創設者）と呼んでいるくらいである。ロスバードも含めて、ミーゼス研究所のホームページ（https://mises.org/）には、オーストリア学派に関連する情報がたくさん載せられているので、関心のある読者は一度覗いてみることをすすめたい。

企業者のもう一人の先駆者、ジャン＝バティスト・セイ（1767–1832）は、フランスのリヨンで生まれた。フランス革命期に多感な青年時代を過ごしたが、ベンジャミン・フランクリンの『自伝』（一七九三年）を愛読していたという。

彼はロンドンにも二年間滞在していたことがあり、その間、アダム・スミスの『国富論』（一七七六年）も読んでいる。一説には、スミスの自由放任主義に傾斜したので、のちに、「フランスのアダム・スミス」と呼ばれるようになったとあるが、スミスは自由放任というよりは自由主義の思想家であり、そのようなレッテルは誤解を招きやすかったのかもしれない。

アメリカ合衆国建国の父の一人トーマス・ジェファーソンは、セイの『経済学提要』（初版、一八〇三年）の英語版（一八二一年）が気に入って、周囲にもスミスの『国富論』よりも簡潔にまとまっていて読みやすいという感想をもらしていた。たしかに、セイは、富の「生産」「分配」「消費」という順番に経済学原理を書き進めているので、体系性の点では、歴史や制度などに脱線しがちだったスミスよりも優れていたといってもよいかもしれない。ジェファーソンは、セイをヴァージニア大学にまで招こうとしたくらいだから（セイは辞退したが）、ジェファーソンがいかにセイを買っていたかがうかがわれる。

一七九九年、クーデターに成功したナポレオン政権の下で護民院のメンバーになったが、『経済学提要』の初版を出版したあと、彼の自由主義的な政策がナポレオンに好まれず、一八〇六年には罷免された。

ナポレオン没落後の一八一五年、セイはフランス工芸院で初めての「産業経済学」教授となった。一八三〇年にはパリのコレージュ・ド・フランスの経済学教授に就任し、名実ともにフランス経済学界の重鎮として活動を始めつつあったが、二年後の一八三二年に病気で亡くなった。

英語が堪能だったセイは、イギリスのデイヴィッド・リカードやトーマス・ロバート・マルサスなどとも文通し、その記録が今日にも残されている。今日でもよく問題になるのは、彼が「セイの（販路）法則」（供給はそれ自らの需要を創り出すこと）と呼ばれる考え方を提示したことだろう。リカードがそれを支持したのに対して、マルサスは一般的過剰生産の可能性を指摘し、両者の間で論争になった。セイの書いたものを文字通り読むと、総供給が総需要に必然的に等しいように読めるが、本文で栗田啓子氏の解釈を紹介したように、両者が企業家の活動を通して等しくなると読めば整合的な議論になるのではないだろうか。

のちに、ケインズは『雇用・利子および貨幣の一般理論』（一九三六年）のなかで、セイの法則を支持した経済学者を「古典派」と呼び、それを徹底的に批判した。彼の理論は、「有効需要の原理」と呼ばれるが、それは総需要が不足したとき、労働者が働く意欲がありながら職につけないような「非自発的失業者」になる可能性を論証したものである。ケインズは、セイの法則を目の敵にしたので、セイやリカードを過小評価し、マルサスを過大評価した嫌いがあるのだが、この点については、ケインズ経済学の解説書を読んでほしい。

ところで、『アメリカのデモクラシー』（第一巻一八三五年、第二巻一八四〇年）で知られるアレクシ・ド・トクヴィルは、ギュスターヴ・ド・ボーモンによれば、アメリカに向かう航海中にセイの『経済学提要』を熱心に読んでいたという。彼はトクヴィルのアメリカへの旅の同伴者だから、紛れもない事実だろう。スミスの『国富論』ではなく、セイの『経済学提要』だというのがフランス人らしい。

参考文献

R・カンティロン『商業試論』津田内匠訳（名古屋大学出版会、一九九二年）
Antoin E. Murphy, *Richard Cantillon: Entrepreneur and Economist*, 1989.
Mark Skousen, *The Making of Modern Economics : The Lives and Ideas of the Great Thinkers*, 2001.
Evert Schoorl, *Jean-Baptiste Say: Revolutionary, Entrepreneur*, Economist,2012.

伊東光晴『ケインズ――〝新しい経済学〟の誕生――』（岩波新書、一九六二年）

シュンペーター

ヨゼフ・アロイス・シュンペーター（1883-1950）は、J・M・ケインズとともに二十世紀経済学の天才との呼び名が高い経済学者である。

シュンペーターは、一八八三年二月八日、当時オーストリア領モラヴィア地方のトリーシュに生まれた。幼くして父親を失ったが、その後、母親はオーストリア＝ハンガリー軍陸軍中将のジークムント・フォン・ケラーと再婚した。やがてウィーンに移り住むようになり、貴族の子弟のための名門校テレジアヌムで学ぶようになった。テレジアヌムでは早くからその優れた才能を発揮した。古典語（ギリシャ語、ラテン語）や現代語（英語、フランス語、イタリア語など）に通じていたばかりでなく、哲学や社会学など幅広い学問分野に関心をもっていたという。

一九〇一年、テレジアヌムを優秀な成績で卒業し、ウィーン大学法学部に入学した。ウィーン大学は、カール・メンガーがオーストリア学派の拠点にした大学だが、シュンペーターも、その学派の第二世代、フリードリヒ・ヴィーザーやオイゲン・フォン・ベーム＝バヴェルクなどから経済学を学んだ。だが、シュンペーターは、ふつうオーストリア学派のなかには分類されない。なぜだろうか。

初期のシュンペーターが熱心に研究したのは、ローザンヌ学派の創設者、レオン・ワルラスの一般均衡理論だった。ワルラスから経済体系の相互依存関係を数学的に提示する方法を学び、後々まで、経済理論家としてのワルラスの成し遂げた偉業を極めて高く評価した。だが、まもなく彼は、ワルラスの一般均衡理論が静学理論に過ぎず、せいぜい静態的過程までしか適用されないという欠陥があることにも気づいた。資本蓄積や技術革新などが生じる動態的過程はどのように分析したらよいのか。

そのような問題意識をもっていたシュンペーターにヒントを与えたのは、カール・マルクスの動態的ヴィジョンだった。彼はそれを「経済発展を経済体系それ自身によって生み出される独自の過程として捉えるヴィジョン」と表現しているが、このようなヴィジョンはのちの『経済発展の理論』（一九一二年）の構想に大きな影響を及ぼしていく。

一九〇六年、シュンペーターは法学博士の学位を取得し、ウィーン大学を卒業した。その後、イギリスに渡り、ケンブリッジ大学でアルフレッド・マーシャル、オックスフォード大学でフランシス・Y・エッジワースと面会しているが、イギリスの貴族的な雰囲気にはとくに惹かれたらしい。

シュンペーターは、イギリスからエジプトのカイロに渡ったが、法律家の仕事をしながら完成したのが、第一作目の『理論経済学の本質と主要内容』（一九〇八年）である。この本は、おもにドイツ語圏の学界に向けて、ワルラス流の一般均衡理論の意義をほとんど数学は用いずに説いたものだが、少部数しか刷らなかったので、今日では稀覯書としても知られている。

一九〇九年九月、彼は、当時オーストリア領東端ブコヴィナ地方の首府、チェルノヴィッツの大学の准教授になった。この小都市の大学にはシュンペーター以外に経済学者はいなかったので、彼は、経済原論、財政学、政治経済学のほか、社会科学の歴史や社会階級論の講義まで担当したという。

一九一一年十一月、今度はスティリア地方の首府、グラーツの大学教授に任命されたが、彼の任命に至るまでには多少の混乱があり、最終的には、恩師であったベーム＝バヴェルクの学界や官界への影響力のおかげで教授就任が決まった。彼はあまりにも有能過ぎたので、「恐るべき子供」として恐れられていたらしい。

グラーツ時代の仕事として特筆すべきは、何といっても、『経済発展の理論』の完成だが、本文で述べたように、「企業者」による「新結合」（イノベーション）の遂行が経済発展の原動力であるという核心は、いまでも、シュンペーターの名前と結びつけて記憶されている。

一九一四年、第一次世界大戦が勃発した。彼は、大戦中、反ドイツの立場でオーストリアを西欧列強との単独講和に導こうとする密議に加わったらしいが、結果的には失敗した。戦争終了後は、学生時代のマルクス主義者の友人に誘われて、ベルリンの社会化審議会のメンバーになったが、社会主義者でもない彼が社会化審議会に参加した理由がふるっている。すなわち、「もし自殺しようとする人があるとき、その側に医師が居合わせればなお申し分ない」と。

さらに彼は、一九一九年三月十五日、大戦後のオーストリアに成立した、社会主義者とキリスト教社会党との連立内閣（首班はカール・レンナー博士）の大蔵大臣に就任するが、戦後の厳しい財政事情のなか大戦後の混乱をおさめるためのあらゆる努力をしたが、閣内統一がとれない政治状況が続くうちに次第に孤立し、ついに同年十月十七日には辞任を余儀なくされた。

政界を去ったあと、ビーダーマン銀行の頭取になったが、この銀行も、戦後インフレに続いた安定恐慌に耐え切れず倒産した。彼自身も巨額の債務を負った。苦難の日々を送っていた頃、東京帝国大学から客員教授の打診を受けたが、一度は承諾したものの、ボン大学から正教授のオファーがあったので、東京帝国大学で教えることはなかった。しかし、彼は一番苦しいときに救いの手を差し伸べてくれた日本人の好意を決して忘れなかったという。

ボン大学時代は十年にも満たなかったが、その間、歴史学派の支配によって長らく軽視されてきた純粋経済学の意義をドイツの若手研究者らに熱心に説いたという。彼らは初めて聞く名前（クルノー、ワルラス、エッジワース、ヴィクセルなど）に圧倒されながらも、のちにシュンペーターの示唆に鼓舞されて理論研究を志す者が出てきた。

一九三二年からはアメリカのハーヴァード大学教授として教育と研究に専念することになる。その弟子のなかには、ポール・A・サムエルソン、J・トービン、都留重人など、のちに学界で重きをなす人材が豊富に揃っていた。晩年に書いた『資本主義・社会主義・民主主義』（一九四二年）という本は、「資本主義はその成功のゆえに衰退する」という逆説的な主張で評判になった。

一九五〇年一月八日早朝、睡眠中に脳溢血のために亡くなった。

参考文献

根井雅弘『シュンペーター』（講談社学術文庫、二〇〇六年）
都留重人『近代経済学の群像―人とその学説―』（現代教養文庫、一九九三年）
J・A・シュムペーター『経済発展の理論』上・下、塩野谷祐一・中山伊知郎・東畑精一訳（岩波文庫、一九七七年）
Robert Loring Allen, *Opening Doors : The Life and Work of Joseph Schumpeter*, 2 vols., 1991.

マーシャル

アルフレッド・マーシャル（1842-1924）は、J・M・ケインズの師匠であるというとわかりやすいかもしれない。ケインズがあまりにも有名になり過ぎたので、ケインズの影に隠れている感はあるが、生前はイギリス、いや世界の経済学界に「法王」のごとく君臨していた経済学者であった。

マーシャルは、一八四二年七月二十六日、ロンドンのバーモンジーで生まれた。早くから数学の才能に抜きん出ていたので、一八六一年、数学を専攻するためにケンブリッジ大学セント・ジョーンズ・カレッジに入学した。四年後（一八六五年）、数学のトライポス（優等卒業試験）において優秀な成績を示したので、ただちに同カレッジのフェロー（特別研究員）に採用された。

ところが、マーシャルの関心は、次第に数学から倫理学や心理学などに向かい始め、最終的には社会問題への関心から経済学へと辿り着いた。晩年の回想によれば、友人のすすめでJ・S・ミルを読んだあと、幾つかの都市の貧民街を訪れたが、そのときヴィクトリア朝の繁栄の陰に隠れた貧困の実態を目の当たりにして、経済学の研究を一生の仕事にする決意を固めたという。だが、当時のケンブリッジには経済学のトライポスはなかったので、道徳科学のトライポスのための教育に従事することになった。一八七七年、メアリー・ペイリーとの結婚を機に、ブリストルにある創立されたばかりのユニヴァーシティ・カレッジの学長に就任した。

ブリストル時代の仕事としては、夫人との共著で出版した『産業経済学』（一八七九年）があるが、外国の経済学者はこの本で初めてマーシャルの名前を知ったらしい。だが、興味深い考察は含まれるものの、幾つかの理論的不備があり、マーシャルはのちにこの本を絶版にしてしまった。同時期に、「国内価値の純粋理論」と「外国貿易の純粋理論」とのちに題される論文も書いているが、この二つは、一八七九年、ヘンリー・シジウィックがマーシャルの学説上の優先権が失われるのを危惧して私的回覧のために印刷に回したものである。

一八八三年、アーノルド・トインビーの後任として、オックスフォード大学ベリオル・

カレッジに招聘されたが、オックスフォード時代は二年ほどで終わり、一八八五年、ヘンリー・フォーセットの後任としてケンブリッジ大学経済学教授として古巣に戻った。

ケンブリッジ時代の仕事として特筆すべきは、やはり『経済学原理』（一八九〇年）の完成を挙げなければならない。マーシャルの経済学研究は、アダム・スミス、デイヴィッド・リカード、J・S・ミルなどの古典派経済学の伝統を吸収することから始まったが、他方でA・クルノーやJ・H・フォン・チューネンなどから数学的方法を学び、一八七〇年以前に限界革命に沿った仕事を手がけていた。『経済学原理』における「需要と供給の均衡」理論は、それら二つの流れを総合したものといえばわかりやすいかもしれない。

だが、マーシャル独自の思想的特徴をさらに一つ挙げるとすれば、彼が同時にチャールズ・ダーウィンやハーバート・スペンサー、さらにはG・W・F・ヘーゲルなどから有機的（生物学的）社会観を学び、それを努めて自らの体系のなかに取り入れようとしたことだろう。マーシャルは、常日頃「経済学者にとってのメッカは、経済動学というよりはむしろ経済生物学である」と言っていたが、「経済生物学」がどんなものなのかについて体系的な著作を残すことはできなかった。私たちには、彼があちこちに書いた文章の中からそのイメージを汲み取るしか方法がない。例えば、彼はこんなことを言っている。

「経済学の初期の段階では、我々は需要と供給を、相互に押し合い、力学的な均衡へと向かう素朴な力であると考える。しかし後の段階では、釣り合いや均衡を素朴な力学的な力とは考えずに、生命と衰微との有機的な力と考える。健康な少年は年々強壮になっていく。しかし成人すると幾分、機敏さがなくなる。ラケット競技の場合、その力の絶頂はおそらく二十五歳くらいにやってくる。他の肉体的活動では三十歳かそれ以降に絶頂期を迎える。知的な仕事ではさらに遅い。例えば、政治家の仕事の場合、それは非常に遅い。どの場合も、最初は生命の力が優勢を占め、次に〔成果の〕結晶化と衰微の力が拮抗し合って平衡ないしは均衡が生じ、その後は衰微が優勢となる。

春が来るたびに木の葉は成長し、全盛期を迎え、絶頂を過ぎると衰微する。そのあいだに、樹木それ自体は絶頂に向かって毎年成長していき、絶頂を過ぎると衰微していくであろう。我々はここに生物学的類推をみる。すなわち、商品やサービスの価値がある中心点の周りを揺れ動き、その中心点自身が長期的には揺れ動いているという状況がそれである。」(「分配と交換」一八九八年、伊藤宣広訳『マーシャル クールヘッド&ウォームハート』ミ

ネルヴァ書房、二〇一四年所収）

マーシャルは、『経済学原理』の第五編で「需要と供給の均衡理論」、第六編で「国民所得の分配」を取り扱っているが、本来の構想では、力学的アナロジーは第五編で終わり、第六編から生物学的アナロジーが優勢になるはずであったが、残念ながら、第六編を読んでも「経済生物学」はぼんやりとイメージできるのみで実態はよくわからない。

一九〇三年、マーシャルは、関税改革論争の最中に、ジョゼフ・チェンバレンの帝国特恵関税制度の提案を批判する覚書「国際貿易の財政政策」を書いたが、これは政治には関与しないことを信条にしていたマーシャルにしては稀なことであった。マーシャルは、イギリス経済の停滞の主因は技術革新の欠如にあるとみていたので、その傾向を助長するような保護政策の類には与することができなかったのである。

ただし、イギリスの産業的主導権に対する関心は終生保持し、晩年には理論的というよりは多分に歴史的な叙述が多い『産業と商業』（一九一九年）と題する本を書いている。

一九〇八年、マーシャルは、執筆活動に専念するためにケンブリッジ大学を退職したが、その後の仕事としては、『貨幣・信用・貿易』(一九二三年)があるくらいで、生産的だったとは言い難い。完璧主義の彼は、『経済学原理』の完成にも多くの時間を費やしたが、その傾向は最後まで変わらず、執筆活動の妨げになったようだ。だが、これほど慎重で誠実な性格の人物がリーダーとなったおかげで、ケンブリッジ学派という強力な研究集団が形成されたともいえる。ケインズもA・C・ピグーも、この学派のなかで育ったのである。

一九二四年七月十三日、マーシャルはこの世を去った。

参考文献

P. D. Groenewegen, *A Soaring Eagle : Alfred Marshall 1842–1924*, 1995.
J・M・ケインズ『ケインズ全集10 人物評伝』大野忠男訳(東洋経済新報社、一九八〇年)
根井雅弘『マーシャルからケインズへ——経済学における権威と反逆』(名古屋大学出版会、一九八九年)
伊藤宣広『現代経済学の誕生——ケンブリッジ学派の系譜』(中公新書、二〇〇六年)

ガルブレイス

ジョン・ケネス・ガルブレイス(1908-2006)は、一九〇八年十月十五日、カナダのオンタリオ州アイオナ・ステーションという小さな農村に生まれた。一九二六年の秋、オンタリオ農業大学に入学したが、彼の専攻は農業経済学だった。彼はのちに大企業研究に専念することになるが、出発点が農業経済学だったことは興味深い。

一九三一年、農業大学を卒業した彼は、博士号を取得するために、アメリカのカリフォルニア大学バークレー校に留学した。専攻はまだ農業経済学だったが、この頃、アルフレッド・マーシャルやソースタイン・ヴェブレンを真剣に読んだらしい。マーシャルは正統派経済学の大御所、ヴェブレンはアメリカ制度学派の創設者で異端の経済学者だったが、後年の彼に大きな影響を及ぼすのはヴェブレンのほうである。

一九三四年、博士号を取得した彼は、ハーヴァード大学講師となった。一九三〇年代のハーヴァードは、都留重人が回想しているように、J・A・シュンペーターを中心に、W・レオンチェフ、G・ハーバラー、アルヴィン・H・ハンセンなどのスタッフを擁し、ひとつの黄金時代を築きつつあった。ガルブレイスは、このような素晴らしい環境のなかで、多くを学んだに違いない。

J・M・ケインズの『雇用・利子および貨幣の一般理論』(一九三六年)が出版されて以降、ハーヴァード大学は、アメリカにおける「ケインズ革命」の本拠地となっていくが、ガルブレイスもその「新しい経済学」を吸収するために懸命に勉強した。彼は、さらに進んで、イギリスのケンブリッジ大学に留学したいと思うようになったが、幸い、一九三七年春、ロックフェラーの寄付で創設された「社会科学研究委員会」に申請していた留学の奨学金が下りたので、喜び勇んでケインズのいるケンブリッジ大学へと海を渡った。ところが、ケンブリッジに到着してみると、肝心のケインズが病気で、彼から直接の指導が受けられる見込みはないことがわかった。だが、不幸中の幸いは、ケインズのインナー・サークルの人々、ピエロ・スラッファ、ジョーン・ロビンソン、リチャード・カーンなどと懇意になれたことである。彼らの言動を通して、ガルブレイスはケインズがいま何を考えているのかを知ることができたのである。また、当時たまたまケンブリッジに滞在していたポーランド出身の経済学者、ミハウ・カレツキとも親しくなれた。カレツキは、今日では、『一般理論』の同時発見者として知られている。

一年間の留学からアメリカに帰ったガルブレイスは、ハーヴァードでの昇進を諦め、一九三九年秋、プリンストン大学の助教授になった。だが、プリンストン時代の二年間は、ルーズヴェルト大統領の下で政府関係の仕事に就いていたので、大学への愛着はわかなかったという。二年間の宮仕えは、ガルブレイスの思想形成に大きな影響を与えた。彼の仕事は、第二次世界大戦中、物価統制・民需供給局で物価統制の指揮をとることだったが、この経験によって、アメリカ経済が教科書の描くような完全競争市場ではなく、不完全競争や寡占的市場によって支配されていることを実地で学んだ。

物価統制局を離れたあと、雑誌『フォーチュン』の編集に携わることになったが、同誌の編集者で名文家のヘンリー・ルースは、ガルブレイスに文章の書き方を徹底的に叩き込んだという。ガルブレイスは後年名文家として通るようになるが、それは全くルースの指導のおかげだといってもよい。

『フォーチュン』誌は、早い時期から現代の大企業の解剖に取り組んでいたが、その問題に関心のあるガルブレイスにとって、その雑誌の編集の仕事は、自らの思想形成の助けになっただろう。

一九四八年秋、ガルブレイスはハーヴァード大学に復帰した。ただし、最初は「地位は講師、給与は教授並」という奇妙な待遇だった。だが、イリノイ大学が彼を経済学部長として招聘しようとしている事実が判明すると、ハーヴァード大学の教授会は直ちに彼を正教授に任命することを決議したらしい。保守派の多い評議会はガルブレイスの教授昇進に反対したが、やがてその問題も解決し、ハーヴァード大学での学究生活を再開した。講座もエドワード・メイソンが担当の産業組織を譲ってくれたので、名実ともに、自分の研究を農業経済学から大企業研究へと変更することができた。

最初の成果は、『アメリカの資本主義』（一九五二年）である。この本のなかには「拮抗力」という概念が登場するが、これは、例えば強力なメーカー（大企業）の支配力に対抗する強力な小売業者（チェーンストアやスーパーマーケットなど）や、労働力の強力な買い手（大企業）に対抗する強力な労働組合のように、「競争に代わる私的権力に対する新しい抑制措置」のことを意味している。アメリカの資本主義は、不完全競争や寡占的市場によって支配されているが、だからといってその弊害ばかりが目立つわけではなく、むしろ拮抗力の作用によってかなりの程度取り除かれるというのだ。

だが、ガルブレイスの異端派経済学者としての名声を確実なものにしたのは、『ゆたかな社会』（一九五八年）の出版だろう。彼は、正統派では当然のごとく受け容れられている「消費者主権」の考え方は、企業の宣伝や広告などによって欲望が創造されているという意味での「依存効果」が働く現代の資本主義には当てはまらないと主張した。依存効果は民間部門に強力に作用するので、資源配分もその方向に偏り、民間部門のゆたかさと公共部門の貧しさが併存する「社会的アンバランス」をもたらす。このような弊害は市場に任せるだけでは解決できない。

ガルブレイスは、いわゆる「象牙の塔」の経済学者ではなかったので、ジョン・F・ケネディが大統領に当選すると、駐インド大使として政権に協力した。一九六三年秋、ケネディ暗殺のあと、ハーヴァードに復帰したが、今度は長い間あたためてきた大企業研究を『新しい産業国家』（一九六七年）としてまとめることに専念した。そのユニークな「テクノストラクチュア」論は、本文で紹介したとおりである。
一九七一年、アメリカ経済学会の会長に就任したが、異端派の立場で会長職をつとめたのは極めて珍しいケースだと思う。その後も、『経済学と公共目的』（一九七三年）、『不確実性の時代』（一九七七年）、『満足の文化』（一九九二年）など、旺盛な執筆活動が続いたが、二〇〇六年四月二十九日、満九十七歳の天寿を全うした。

晩年のガルブレイスは、経済学が精密な数理モデルばかりを追いかけるうちに、いつの間にか「現状肯定」の学問に堕落してしまうことを恐れたが、数学の役割の過小評価には同意できないものの、若手に彼の危惧したタイプの研究者が増えたのは事実である。その意味では、最後まで、「批判精神」の旺盛な経済学者だった。

参考文献

J・K・ガルブレイス『ガルブレイス著作集9 回想録』松田銑訳（TBSブリタニカ、一九八三年）
根井雅弘『ガルブレイス——制度的真実への挑戦』（丸善ライブラリー、一九九五年）

都留重人『近代経済学の群像——人とその学説』（現代教養文庫、一九九三年）

ミーゼスとカーズナー

ルートヴィヒ・フォン・ミーゼス（1881-1973）は、一八八一年九月二十九日、オーストリア＝ハンガリーのレンベルクで生まれた。一九〇〇年、ウィーン大学に入学し、一九〇六年には法律と経済学の博士号を取得して卒業した。マルクス主義者やJ・A・シュンペーターなどとともに、オイゲン・フォン・ベーム＝バヴェルクの有名なゼミナールに参加し、活発な議論を戦わせた。

一九一三年から三四年まで、ウィーン大学の「私講師」（privatdozent）をつとめたが、正教授になることはできなかった。その間、ウィーン商工会議所のエコノミストもつとめている。

ミーゼスの出世作は、『貨幣と流通手段の理論』（一九一二年）と題する著作である。出版はシュンペーターの『経済発展の理論』と同時期だが、ミーゼスの理論は、景気循環論の分野ではふつう「貨幣的過剰投資論」に分類される。一九二六年、オーストリア景気循環研究所を創設したが、その所長となり、オーストリア学派の立場からミーゼスの理論をさらに発展させたのがF・A・ハイエクである。

もう一つ、ミーゼスの名前を有名にした初期の仕事は、「社会主義経済計算論争」の口火を切った論文「社会主義社会における経済計算」（一九二〇年）だろう。ロシア革命によってソビエト政権が成立し、社会主義のプログラムも「思考実験」の段階から実践の場へと移されたが、そのような動きのなかで、ミーゼスは、そもそも生産手段の私有が存在しない社会主義では生産手段の価格もなく、合理的な経済計算は不可能であると問題提起をおこなった。

ミーゼスの主張に対しては、社会主義者であるとともに一般均衡理論に依拠したポーランドの経済学者オスカー・ランゲが、生産手段の市場価格が存在しなくなった社会でも、中央計画当局が特定のルールで「計算価格」の設定と運用を担当することによって、一般化された意味での「価格」（「財の代替比率」のこと）の機能を十分に活用できるので、社会主義の下でも経済計算は可能であると反論した。この論争によって、ミーゼスの「反社会主義」の立場が鮮明になったといってもよいかもしれない。

オーストリアにおけるナチスの台頭から逃れるために、一九三四年から四〇年まで、ジュネーヴにある高等国際研究総合研究所の教授をつとめたが、その後、アメリカのニューヨークへと渡った。一九四八年から引退する六九年まで、ニューヨーク大学の客員教授をつとめ、のちに「ネオ・オーストリアン」と呼ばれるようになる多くの弟子を養成した。

ニューヨーク時代の最高傑作は『ヒューマン・アクション』（一九四九年）である。本書で紹介した企業家論のほかに、独自の「人間行為学」はミーゼス経済学の方法論的基礎として読むことができる。ネオ・オーストリアンたちにも大きな影響を与えた。夫人マルギットの回想録を読むと、ニューヨーク時代のミーゼスが大きな期待を寄せていたひとりがイスラエル・カーズナーだったと書いてある。

「後にルー（ルートヴィヒ、ミーゼスのこと）はカーズナーをセミナーの助手に選び、学生の指導や事務を手伝わせて負担を軽くした。カーズナー博士はルーの期待に見事に応えて、現在ニューヨーク大学の経済学教授を務めている。ルーはカーズナーの『経済学的視点（*The Economic Point of View*）』を重要かつ貴重な著書と考えて、そのはしがきを書いた。

学者の中で高く評価されているカーズナー教授は、私の夫の没後、オーストリア学派の重要性を証明することに成功した学者たちのサークルの先頭に立っている。彼のたゆまぬ努力のお陰で、この運動は次第に発展している。」（前段の括弧内は引用者が補った）

一九七三年十月十日、ミーゼスはこの世を去った。

参考文献

マルギット・フォン・ミーゼス『ミーゼスの栄光・孤独・愛』村田稔雄訳（日本経済評論社、二〇〇一年）
八木紀一郎『オーストリア経済思想史研究』（名古屋大学出版会、一九八八年）
松嶋敦茂「ミーゼスの「人間行為学」をめぐって」（『彦根論叢』第二七三・二七四号、一九九一年）

カーズナー

イスラエル・M・カーズナー（一九三〇年二月十三日生まれ）は、ミーゼスの愛弟子のひとりである。イギリスのロンドンで生まれ、少年期を南アフリカのケープ・タウンで過ごしている。LSE（ロンドン・スクール・オブ・エコノミックス）でも学んだが、その後アメリカに渡り、一九五七年、ニューヨーク大学で博士号を取得した。指導教授は、もちろん、ミーゼスである。

夫人マルギットの回想にあったように、ミーゼスはカーズナーの才能を高く評価していた。現在は名誉教授だが、一九六八年から長い間ニューヨーク大学経済学部教授として精力的な活動を展開した。

本文で述べたように、カーズナーの業績の第一は企業家論になるだろう。ミーゼスやF・A・ハイエクから市場プロセス論や人間行為学などを学びながら、『競争と企業家精神』（一九七三年）において、「諸機会に対して機敏な」者としての企業家像を構想した。この点は、本文で詳しく述べた通りである。「市場プロセス」において「諸機会に対して機敏」に反応しながら利潤獲得の可能性を探り、ついには「市場均衡」へとつなげるような企業家像は、静態の世界でイノベーションを遂行し、動態を始動させる「均衡破壊者」としてのシュンペーターの企業家像ときわめて対照的であった。

第二次世界大戦後、アメリカを中心に発展してきた一般均衡理論（新古典派価格理論の根幹ともいえる分野）のなかには「企業家」が活動する余地がなかったので、カーズナーの活躍がなければ、この分野が認知されなかったかもしれない。

第二に、ミーゼス亡きあと、ネオ・オーストリア学派のリーダーとして、幾つかの専門誌を創刊し、後進たちが活躍できる場をつくったことが挙げられる。既存の一流誌は、ほぼ例外なく正統派の論文しか掲載しないので、ネオ・オーストリア学派の立場で書かれた論文の発表機会があることは貴重である。

名誉教授とはいえ、カーズナーはいまだに現役で、活発な著作活動を続けている。

参考文献

Israel M. Kirzner, *Competition and Entrepreneurship*, 1973.
I・M・カーズナー『企業家と市場とはなにか』西岡幹雄・谷村智輝訳（日本経済評論社、二〇〇一年）

エピローグ

私が経済学を学び始めた頃、経済学部に「企業家論」のような講義科目はなかったと思う。もちろん、経営学部にはそのような講義科目があったのかもしれないし、企業家論でなくとも企業家史学のようなものなら、経済学部にも、もしかしたらあったのかもしれない。だが、「企業家」を軸に経済学史を学ぶような講義科目はなかったし、現在でもほとんどないと思う。

経済学部の講義科目で「企業」が出てくるとすれば、ミクロ経済学の企業行動を取り扱った章だろう。この場合の企業とは、生産要素を最適に組み合わせて利潤最大化を目指す経済主体という意味である。利潤は、総収入から総費用を引いたものだから、総収入と総費用が関数として与えられたら、簡単な微分によって利潤最大化の条件を求めることができた（完全競争が仮定されているならば「価格＝限界費用」、不完全競争の仮定ならば「限界収入＝限界費用」というように)。このような計算問題を解くような演習書もあった。

だが、企業はこのような利潤最大化を瞬時におこなう「機械」のような存在に過ぎないのかという疑問は残った。カーズナーが“Robbinsian economizers or maximizers”と呼んだ機械のようなものが企業なのかと。そして、すでにシュンペーターの『経済発展の理論』を読んでいた私は、「企業家」という言葉がどこにも出てこないことにも戸惑った。

シュンペーターとの出会いについてはどこかで書いたこともあるが、中山伊知郎の『わが道経済学』(講談社学術文庫、一九七九年)でシュンペーターを知った私は、さっそく岩波文庫に訳された『経済発展の理論』を読破した。まだ若造に過ぎなかったので全部が理解できたはずもないが、ともかく、静態・動態二元論を中心に構成されるシュンペーター体系のことは頭に入っていたし、そこでは企業家がイノベーションを遂行することによって経済発展の原動力になることも理解していた。しかし、ミクロ経済学の講義には、企業は出てきても企業家はどこにも登場しない。そもそも、企業家のような「人間」が入り込むような余地がないほど教科書には数学的なモデルが踊っていた。

中山伊知郎の『わが道経済学』のなかには、シュンペーターを読んで初めて「人間」が出てくる経済学に出会ったという三木清の感想が紹介されている。同じような感想を抱いた私は、しかしながら、経済学を専攻する学生として、一体どのようなプロセスを経て現代の経済学における教科書が編まれるようになったのかを知りたいと思った。

スミスやマルクスなどの経済学の古典は読みつつあったが、企業家というよりは資本家兼企業家のような経済主体しか登場しなかった。その頃、私はシュンペーターの極めて高い評価につられてケネーを読みつつあったが、たまたま、ケネーが大農経営をおこなう農業者でイメージしていたものは、現代なら「企業者」(entrepreneur)に近いという研究書を読んだ(岡田純一『フランス経済学史研究』御茶の水書房、一九八二年)。

さらにentrepreneurはフランス語なので、調べてみると、フランスの経済思想史にカンティヨン、チュルゴ、セイなど企業家論と関係のある仕事を残した人たちがいることがわかった。チュルゴとセイまでは読む余裕がなかったが、カンティヨンの『商業試論』の原書は仏文と英文が左右のページに対照して印刷してあったので、語学の勉強にもなった。カンティヨンをすでに知っていたので、のちに、R・F・ヘバート&A・N・リンク共著『企業者論の系譜』(池本正純・宮本光晴訳、ホルト・サウンダース・ジャパン、一九八四年)にカンティヨンが出てきても驚かなかった。

ところで、私は学部生の頃は現代の一般均衡理論を勉強するゼミに所属していたが、内容は位相数学（トポロジー）を駆使した数理経済学で、企業家は利潤最大化以外に何の重要な役割も演じていなかった。大いに違和感はあったが、学部生の頃は理論経済学をみっちりと学ぶべきだと考えていたので、K・J・アロー&F・H・ハーン共著『一般均衡分析』（福岡正夫・川又邦雄訳、岩波書店、一九七六年）の数学と格闘していた。

だが、数学的に洗練されていても思想的には無内容な論文は書きたくなかったので、卒業論文のテーマには「一般均衡理論とフランス経済学」を選んだ。四百字詰原稿用紙で三百枚ほど、枚数としては多くも少なくもない量だったと思う。

学部を卒業する半年ほど前、私は、シュンペーター『経済発展の理論』におけるマーシャル批判が気になって、マーシャルの『経済学原理』（馬場啓之助訳、全四巻、東洋経済新報社、一九六五―六七年）を読み始めた。マーシャルには「企業家」という言葉は出てこなかったが、事実上、企業家に相当する人物の役割を経済の実態に即して多様に論じていた。マーシャルを理解するに際しては、当時出たばかりの池本正純『企業者とはなにか』

（有斐閣選書、一九八四年）も大いに役立った。ただ、マーシャルの業績が「需要と供給の均衡」ばかりではないことはよくわかったが、あれだけ経済の実態を知っていた人が、なぜそれを理論の根幹に取り込もうとしなかったのかという疑問は後々まで残った。

私は、恩師となった菱山泉（当時、京都大学経済学部教授）を慕って京都大学大学院に進学したが、菱山先生はケネーやケンブリッジ学派研究で知られる学界の大家だったので、最初は緊張していた。大学院合格が決まったあと、面識のある社会学者の清水幾太郎氏の紹介状をもって、まずは経済研究所の佐和隆光教授に会いに行った。清水氏は、同じ研究所の青木昌彦教授とは懇意にしていたが、そのときはアメリカの大学に長期出張中で不在だった。しかし、清水氏は経済研究所の非常勤講師をしていた頃、佐和氏と会ったことがあるので、彼に相談し、菱山先生に紹介してもらうようにと示唆してくれた。

私はその助言通りに行動した。幸い、佐和氏はうまく菱山先生とのつなぎの役割を果たしてくれて、菱山先生も指導教授になることを喜んで承諾して下さった。実は、大学院の入試での私の成績は二番を大きく引き離しての断トツ一番だったらしく、教授会ではどんな男なのか話題になっていたらしい。その男が目の前に現れたのだから、内心嬉しかったのだと後に奥様からうかがった。というのは、親しくなって先生夫妻と私の郷里の宮崎を案内する旅行をするまでになってからわかったのだが、菱山先生は長いあいだ弟子に恵まれず、自分の学風を受け継いでくれる愛弟子の登場を待望していたらしいのだ。

それでも、学問の世界は厳しいので、まずは業績をあげなければならない。修士課程一年目が始まってまもなく、菱山先生と「マーシャルとシュンペーター」の関係について雑談する機会があった。私は、シュンペーターの思想形成にはマーシャルへの対抗意識が強く働いていることを話題にしたが、先生は「それは面白いので、ぜひ論文を書きなさい」と言われた。言われるままに数日格闘して一文を書いたが、菱山先生はその論文が気に入って、京都大学経済学部の伝統ある紀要「経済論叢」に掲載する手はずを整えて下さった。修士一年の大学院生の書いた論文がその雑誌に掲載されるのは異例だったが、その論文のおかげで私も一介の研究者として認められるようになった。のちに恩師となる伊東光晴(当時、京都大学経済学部教授)も、非常勤として大学院の授業で経済学方法論を担当していた田中真晴(当時、甲南大学経済学部教授)も、私の論文を高く評価して下さった。三人の先生方には、いまでも深く感謝している。

企業家論との付き合いは、その後、しばらく中断を余儀なくされた。菱山先生が定年退官し、その後指導教授となった伊東先生の下で、ケインズやポスト・ケインジアンの研究に時間をとられることになったからである。学部生の頃は、自分がケインジアンの研究をするようになるとは予想もできなかったが、結局は、その方面の研究で第一作『現代イギリス経済学の群像――正統から異端へ』（岩波書店、一九八九年）を出すことになったのだから、人生とはわからないものである。一作目が比較的好評だったので、その後も立て続けに仕事を依頼されるようになったが、企業家論に本腰をあげるまでにはまだ時間の経過が必要であった。

大学院の博士課程を一九九〇年三月に修了して、四月から運よく京都大学経済学部助教授に就任したが、教員となってからの仕事は、ケインズやポスト・ケインジアンの啓蒙書、ケインズやシュンペーターやガルブレイスの評伝、経済学史の教科書などの執筆に追われ、なかなか企業家論の本丸に辿り着けなかった。だが、企業家や企業者と名の付く内外の学術論文にはほとんど目を通していたので、いつかは企業家論をメインテーマとした本を書きたいと思っていた。

二〇〇〇年四月に教授に昇進してから十五年経った頃、偶然、その機会は訪れた。二〇一五年秋の稲門会（一九七四年卒の会）の総会での講演に招かれたとき、私は「経済学の企業家像」というテーマを選んだ。このテーマは、長い間あたためてきたものだが、公の場で自分の見解を発表したのは稲門会が初めてである。早稲田大学のキャンパスは、私が学生であった頃よりもはるかに設備のよい近代的なものに変貌していたが、そのような環境の中で企業家論を展開するのは楽しい経験であった。新書として企業家論を書けるのではないかと思えたのは、このときの経験があったればこそである。

企業家論への貢献という尺度では、本書でも述べたように、シュンペーターが抜きん出ているので、彼を中心にもってくることは妥当な線だと思う。だが、シュンペーター以前にも多くの貢献者がいるので、その中から誰を選択するかで内容が異なってくる。私は、カンティヨンとセイだけは外せないと思った。さらに、比較の対象としてワルラスの企業家論をもってくることもすぐに思いついた。ワルラスの企業家は、シュンペーターなら「単なる業主」と呼んだかもしれないような受動的な経済主体だが、フランスには企業家論でカンティヨンやセイのような優れた先駆者がいたにもかかわらず、あとから出てきたワルラスの企業家論が前の時代よりも後退しているように思えるのは不思議である。

シュンペーターは、ワルラスの一般均衡理論を高く評価しながらも、彼の企業家像には不満があっただろう。そこで、ワルラスのような「受動型」ではなく「創造型」の企業家像を模索することになるが、研究史をひもとけば、ニーチェ、ウェーバー、タルド、ベルクソン等々、いろいろな思想家の影響を受けたとある。だが、どのような影響を受けたにせよ、シュンペーターが「創造型」の企業家像をどのようにモデルに組み込むかで経済理論としての評価が違ってくる。

ドイツ語圏に生まれたシュンペーターは、資金調達の仕方が、直接金融が中心のイギリスと、間接金融が中心のドイツとでは違っていることに気づいていたはずだ。直接金融は金融市場が発達したイギリスで主流の資金調達法だったが、イギリスと比較すれば後進国のドイツでは間接金融が主流であった。このような背景を考慮すれば、シュンペーターが企業家によるイノベーションの遂行に資金を提供する「銀行家」をモデルに組み込んだのは容易に理解できる。シュンペーターの静態は厳密に構成されているので、貯蓄も資本蓄積もなく、循環の軌道を歩むだけの世界である。企業家も銀行家もいない。舞台に見せ場があるとすれば、企業家が颯爽と現われ、イノベーションを遂行しようとするまさにその瞬間である。シュンペーターの手さばきは誠に見事というほかない。彼は、この仕事によって単なる企業家論への貢献者のひとりではなく、ワルラスさえ解けなかった動態の世界に踏み込み、経済発展のモデル化に成功した経済理論家となったのである。シュンペーターは、いまでも、私にとって最も愛着のある経済学者のひとりである。

ガルブレイスは、駆け出しの研究者の頃、ハーヴァード大学でシュンペーターに接している。ガルブレイスの企業家論は、もはや個人ではなく、大企業内部の専門家集団としての「テクノストラクチュア」だが、晩年のシュンペーターの著作にも同様の指摘はあった。だが、ガルブレイスの特徴は、「組織」の実権を掌握したテクノストラクチュアが、市場の不確実性を乗り越えるために「計画化」に乗り出し、その影響が国家にまで及ぶという「大企業王国」を描き出したところにある。これは多分にデフォルメされた形での表現だったので、「現実とは違う」「資本家の力を侮ってはならない」「誇大妄想だ」等々、様々な批判を浴びた。

しかし、ガルブレイスにとっては、それらの批判はどうでもよかったのである。彼のジャーナリスティックな嗅覚は、なによりも学界や世間で評判になる方向を目指した。大企業内部の専門家集団が現代において一定の役割を演じることは周知の事実であり、それだけでは何も新しさはない。だが、経済学者が大切にしている「市場メカニズム」を乗り越えるような「計画化」に成功し、国家と一体となった「新しい産業国家」が成立しているとなれば、相当の批判が噴出し、評判になることは十分に予想できる。ガルブレイスのどの本もそうだが、「無視される」よりは「批判の対象になる」ことを最優先して書かれていると思う。そこに多少の誇張や言い過ぎが入り込むことは避けられない。

文人ガルブレイスと比べれば、ネオ・オーストリアンのカーズナーはよほどアカデミックである。ニューヨーク大学で教鞭をとったミーゼスの愛弟子として、彼は師の市場プロセスや企業家論を受け継ぐような仕事がしたかったのだろう。ネオ・オーストリアンの書く文章はそれほど明快ではないが、カーズナーは例外である。出世作『競争と企業家精神』(一九七三年)は、学部一、二年生用の経済英語のテキストにしてよいほど平明な文章で書かれている。カーズナーが目をつけたのは、不均衡状態の中で「諸機会に対して機敏」に反応する者としての企業家像である。企業家が不均衡のなかで市場における不整合を繰り返し相互に調整していけば、やがて市場均衡へと到達するだろう。だが、その市場プロセスが続く限り、企業家の役割は終わらない。

シュンペーターを先に読んでいたので、このような企業家像は、正直にいえば、かなり受動的で魅力に乏しいように思えた。だが、シュンペーターのように、イノベーションを遂行する者だけしか企業家でないとすれば、現実世界では、ほとんどの企業経営者は企業家として失格してしまうだろう。もし企業家を「受動型」と「創造型」の二類型に分類することができるならば、カーズナーとシュンペーターの間を橋渡しすることはできるのではないか。いまの私はそのように考えている。

ただし、動態が企業家によるイノベーションの遂行から始まるというシュンペーターの主張だけは残しておきたい。なるほど、価格競争や非価格競争でも、カーズナー流の企業家が活動する余地がある限り、それを動態的過程と呼ぶような考え方もあるだろう。だが、動態を「発展」や「進歩」と結びつけるような思考法からみると、ネオ・オーストリアンの用語法に従うことには抵抗がある。こんなことをいうのも、私がいまだにシュンペータリアンから抜け切っていないからかもしれないが、それはそれでかまわないと思う。

本書のテーマは長い間あたためてきたものだが、筆を起こすのは容易ではなかった。昨年の十月、稲門会で講演したまでは順調だった。そろそろ書き始めようと思っていた十二月初め、母が病気で倒れ、その後三か月ほど入院生活が続いた。その間、大学と病院と自宅の間をぐるぐる回るような生活が続き、私自身の体調まで悪くなってしまった。

幸い母は退院するまでに回復したが、いまでも療養生活が続いている。だが、母が病院にいるのと自宅にいるのとでは時間の使い方が全く異なるので、入院中よりは執筆に時間が割けるようになった。そして、五月の連休を明ける頃から書き始め、六月中に脱稿することができた。

このような環境のなかで本を書くという仕事は決して楽ではなかったが、毎日二時間の執筆でなんとか最後まで辿り着くことができた。その間、静かに見守って下さった平凡社の編集部はじめ関係者の皆様に厚くお礼を申し上げたい。

二〇一六年八月二十五日

根井雅弘

【著者】
根井雅弘（ねい まさひろ）
1962年宮崎県生まれ。早稲田大学政治経済学部卒業後、京都大学大学院経済学研究科博士課程修了。経済学博士。現在、京都大学大学院経済学研究科教授。専攻は現代経済思想史。おもな著書に『経済学の歴史』『シュンペーター』（以上、講談社学術文庫）、『ガルブレイス――異端派経済学者の肖像』（白水社）、『サムエルソン『経済学』の時代』（中公選書）、『入門 経済学の歴史』（ちくま新書）などがある。

平凡社新書829

企業家精神とは何か
シュンペーターを超えて

発行日――2016年11月15日　初版第1刷

著者――根井雅弘

発行者――西田裕一

発行所――株式会社平凡社
東京都千代田区神田神保町3-29　〒101-0051
電話　東京（03）3230-6580［編集］
　　　東京（03）3230-6573［営業］
振替　00180-0-29639

印刷・製本―株式会社東京印書館

装幀――菊地信義

ISBN978-4-582-85829-7
NDC分類番号331.2　新書判（17.2cm）　総ページ200
平凡社ホームページ　http://www.heibonsha.co.jp/